Piccola biblioteca del Margine

2

Johannes Hessen

# Il cristianesimo è davvero la religione assoluta?

## Una ricerca di filosofia della religione

Edizione italiana a cura di Andrea Aguti

Titolo originale dell'opera: *Der Absolutheitsanspruch des Christentums. Eine religionsphilosophische Untersuchung* (Ernst Reinhardt Verlag, München-Basel 1963).
Traduzione di Andrea Aguti.

La pubblicazione è stata realizzata con il contributo del Dipartimento di Economia, Società, Politica (Desp) dell'Università degli Studi di Urbino «Carlo Bo».

*Progettazione grafica*: Deborah Beltrami e Angelica Stimpfl (Istituto Grafico Artigianelli - Sacro Cuore, Trento), Cristiano Cumer.

ISBN 978-88-6089-088-7

copyright © 2011 casa editrice Il Margine
via Taramelli 8 - 38122 Trento
telefono: 0461-1865035    fax: 178-2263389
e-mail: editrice@il-margine.it

**www.il-margine.it**

# INDICE

# Prefazione

*di Andrea Aguti*

Il testo che qui presentiamo in traduzione italiana, pubblicato nel 1963 e il cui titolo originale è *Der Absolutheitsanspruch des Christentums* (*La pretesa di assolutezza del cristianesimo*), è l'ultima opera a carattere filosofico di Johannes Hessen (1889-1971), una figura significativa nell'ambito della filosofia della religione tedesca novecentesca, ancorché quasi interamente obliata in Germania e tutt'altro che conosciuta in Italia. Per permettere al lettore una migliore comprensione dell'opera premettiamo a essa una sintesi della filosofia della religione di Hessen, che ne indica l'orientamento fondamentale, e un inquadramento della problematica che il testo affronta nell'attuale discussione filosofica e culturale, mentre rimandiamo per alcune essenziali indicazioni biografiche sull'autore alla conclusione del presente volume.

## Johannes Hessen filosofo della religione

La filosofia della religione di Hessen affonda le sue radici nell'interesse giovanile verso il pensiero agostiniano, concretizzatosi in molteplici pubblicazioni, nell'attenzione per la filosofia dei valori di Rudolf Hermann Lotze e per la filosofia della religione neokantiana soprattutto di Wilhelm Windelband, e nella vicinanza alla riflessione a sfondo fenomenologico di Max Scheler, con cui Hessen si abilitò nel 1921 e sotto la cui guida iniziò la sua lunga carriera accademica nell'università di Colonia. Nell'orientamento verso ciascuno di questi autori e correnti filosofiche era chiaramente presente, pur a rischio di un certo eclettismo, il desiderio da parte di Hessen, condiviso peraltro da molti suoi contemporanei, di un rinnovamento del pensiero cristiano che si discostasse dalla linea della filosofia neoscolastica, ufficialmente promossa a livello ecclesiale all'interno della teologia cattolica soprattutto dopo la crisi modernista di inizio Novecento. L'esigenza di operare una valutazione meno negativa della filosofia moderna rispetto a quella generalmente presente nella teologia cattolica dell'epoca, perseguita mediante un confronto tra l'«idealismo» antico di Agostino e quello moderno, unita a quella di evitare il rischio di un atteggiamento intellettualistico nei confronti del fenomeno religioso che era tipico del modello neoscolastico di filosofia della religione, caratterizzano la riflessione di Hessen sin dall'inizio e spiegano la diffidenza e il sospetto che da parte ecclesiastica si sono nutriti nei suoi confronti fino agli anni Sessanta del secolo scorso[1].

Soprattutto l'accento posto sull'autonomia dell'esperienza religiosa e la conseguente relativizzazione della validità delle prove dell'esistenza di Dio come base di una *demonstratio religiosa* sono i due elementi teorici che i recensori ecclesiastici delle opere di Hessen hanno criticamente rilevato sin dall'inizio. L'accusa conseguente fu quella, più volte esplicitamente

---

[1] Un'eloquente dimostrazione di questo atteggiamento negativo è il breve paragrafo dedicato da Cornelio Fabro a Hessen nella sua *Breve introduzione al tomismo* (1960), Edivi, Roma 2007, dove si parla, a proposito della critica di Hessen al tomismo, di un attacco che «manifesta una coscienza torbida e turbata che sa di muoversi sul terreno minato del pensiero moderno condannato dalla Chiesa» (p. 116).

sollevata, di «modernismo»[2]. Naturalmente la ricorrenza con cui questa accusa veniva sollevata nei primi decenni del Novecento anche verso coloro che semplicemente aspiravano a una riforma del cattolicesimo[3], pur non essendo modernisti in senso stretto, non aiuta a chiarire la pertinenza della sua applicazione al pensiero di Hessen. A questo riguardo possiamo soltanto limitarci a registrare che alcuni aspetti del suo pensiero, come l'indubbia consonanza con autori (come Ernst Troeltsch in ambito protestante o Herman Schell in ambito cattolico) che avevano sviluppato un'apologetica del cristianesimo in linea con gli assunti del pensiero moderno, o la sua interpretazione critica del tomismo soprattutto per ciò che riguarda la teoria della conoscenza, o ancora il rilievo di una tensione fra l'esperienza religiosa cristiana e la sua concettualizzazione teologico-dogmatica che talora emerge dalle sue opere, potevano effettivamente alimentare il sospetto di modernismo. D'altro canto anche Christian Weber, che nel suo testo ricostruisce con ampia documentazione, e con posizione non sempre oggettiva, la storia del rapporto contrastato di Hessen con l'autorità ecclesiastica, riconosce che «Hessen era senza dubbio modernista»[4]. In ogni caso, questo sospetto spiega le vicissitudini di tipo personale e accademico a cui

---

[2] Già Gottlieb Söhngen nel 1926, in una lettera al cardinal Karl Joseph Schulte, dopo la pubblicazione del libro di Hessen *La visione del mondo di Tommaso d'Aquino*, scriveva che Hessen era passato «totalmente con i modernisti» (cfr. Christian Weber, *Der Religionsphilosoph Johannes Hessen [1889-1971]. Ein Gelehrtenleben zwischen Modernismus und Linkskatholizismus*, Peter Lang, Frankfurt a.M. 1994, p. 95).

[3] Si veda a questo proposito il saggio di Otto Weiss, *Il modernismo in Germania. Temi, personaggi e giudizio storiografico*, in Alfonso Botti - Rocco Cerrato (a cura di), *Il modernismo tra cristianità e secolarizzazione*, QuattroVenti, Urbino 2000, pp. 311-342, dove peraltro non vi è alcun riferimento a Hessen.

[4] Christian Weber, *Der Religionsphilosoph Johannes Hessen*, cit., p. 44.

Hessen andò incontro e che si compendiano in due episo-di: la proibizione alla lettura nel 1928 di due suoi libri, *La visione del mondo di Tommaso d'Aquino* (1926) e *Teoria della conoscenza*, dello stesso anno, con il tentativo, non riuscito, di allontanarlo dall'insegnamento universitario, e la manca-ta reintegrazione nel ruolo accademico nel 1945, dopo che cinque anni prima Hessen era stato allontanato dall'insegna-mento dal regime nazionalsocialista. Hessen riuscì faticosa-mente a ottenere la reintegrazione soltanto nove anni dopo, ma senza divenire mai ordinario.

Se, nonostante la reintegrazione in università, un pieno ri-conoscimento sul piano accademico non arrivò mai a Hessen, egli fu però del tutto riabilitato su quello ecclesiale. Come per altri suoi contemporanei messi ai margini e in molti casi con-dannati dalla Chiesa cattolica, l'avvento della stagione con-ciliare portò a profondi mutamenti. Nel 1969, infatti, papa Paolo VI lo nominò prelato domestico pontificio, chiudendo così una lunga e tormentata vicenda e aprendo la possibilità anche in ambito teologico per una valutazione dell'opera di Hessen, e in particolare della sua filosofia della religione, non gravata da pesanti pregiudizi. La riabilitazione sul piano ec-clesiale di Hessen giungeva, tuttavia, in un momento in cui la filosofia dei valori, a cui Hessen si ispirava[5], aveva perso di interesse nella discussione filosofica, mentre nella teologia cattolica post-conciliare nuove questioni venivano poste a tema, rispetto alle quali quelle che caratterizzano la riflessione di Hessen, come appunto la «pretesa di assolutezza del cristia-nesimo», apparivano inattuali. Questo spiega la sostanziale dimenticanza in cui la sua opera è caduta.

---

[5] Questa ispirazione è confermata dalla raccolta di scritti in onore di Hessen *Die Rollen der Werte im Leben. Festschrift für Johannes Hessen zu sei-nem 80. Geburtstag*, hg. von Cornel J. Bock, Wienand Verlag, Köln 1969.

Ciò nonostante, uno sguardo alla ricchissima produzione di Hessen, di cui si può avere un'idea consultando la sua bibliografia in appendice al presente volume, dice già da solo che essa presenta ancora un interesse per il lettore contemporaneo. Essa comprende una nutrita serie di studi dedicati alla filosofia agostiniana, in particolare alla sua teoria della conoscenza tra cui spicca l'opera *La metafisica della conoscenza di Agostino* (1931), alla filosofia moderna, tra cui sono da ricordare *La filosofia della religione del neokantismo* (1924) e *Il problema della sostanza nella filosofia della modernità* (1931), e alla filosofia sistematica che comprende opere di rilievo come la già citata *Teoria della conoscenza* (1926), *Il principio di causalità* (1928), *Filosofia dei valori* (1937), un apprezzato manuale di filosofia in tre tomi (1947-1950), *Etica* (1954). A quest'ultima serie di pubblicazioni appartiene soprattutto la *Filosofia della religione*, redatta durante il periodo bellico, pubblicata in prima edizione nel 1948 e ripubblicata nel 1955, che rappresenta una delle opere più significative di Hessen. Essa si compone di due tomi in cui si presentano i principali modelli di filosofia della religione con particolare riferimento ad autori tedeschi attivi tra la fine del XIX secolo e l'inizio del XX e un sistema di filosofia della religione[6]. A essa ci riferiamo, limitandoci soprattutto agli aspetti metodologici, perché quest'opera costituisce lo sfondo di riflessione del testo che presentiamo qui in traduzione italiana.

La filosofia della religione, secondo Hessen, è una parte della dottrina dei valori, assieme alla morale e all'estetica. Come tale essa è un'auto-riflessione da parte dello spirito umano su una determinata esperienza di cui ricerca il senso.

---

[6] Johannes Hessen, *Religionsphilosophie. Methoden und Gestalten der Religionsphilosophie*, Band I. *System der Religionsphilosophie*, Band II, Reinhardt, München 1955.

Per poter svolgere un simile compito la filosofia della religione deve adottare un atteggiamento «ricettivo» e non «costruttivo» nei confronti della religione. A differenza, infatti, della teologia filosofica antica e moderna, la filosofia della religione non mira all'applicazione di una teoria filosofica precostituita alla religione, ma alla chiarificazione dell'elemento religioso. Si tratta di una consapevolezza che, secondo Hessen, è storicamente emersa soprattutto nella riflessione moderna sulla religione, e in particolare in quella che fa proprio il metodo fenomenologico. In questa prospettiva la religione è concepita come un fenomeno originario che ha una componente soggettiva, l'atto religioso, e una oggettiva, l'oggetto intenzionato da quest'atto. Come tale essa possiede una propria autonomia e specificità che la distinguono dalla morale, dall'estetica e in generale dalla cultura. La religione infatti non s'identifica, come avviene nel neokantismo (Paul Natorp, Wilhelm Windelband), con la coscienza culturale, ma nemmeno è priva di qualsiasi relazione con essa, come avviene negli orientamenti della cosiddetta teologia dialettica (Karl Barth, Friedrich Gogarten), bensì rappresenta l'orizzonte in cui la coscienza culturale trova un fondamento, un significato e un orientamento ultimi.

Il privilegio conferito al metodo fenomenologico non deve peraltro oscurare i limiti che gli sono propri: esso consente, sì, di comprendere l'*essenza* della religione, ma poiché, come Hessen afferma, «la religione esige per il suo oggetto un carattere realistico»[7], un ulteriore compito della filosofia della religione è di interrogarsi sul problema della *verità* della religione, e per fare questo essa deve avvalersi della riflessione metafisica, compiendo dunque il passo che va dall'esperienza di Dio o del divino al concetto di essi, e quindi mettendo in relazione quest'ultimo con la prima.

---

[7] *Ivi*, II, p. 12.

Come risulta evidente da questi aspetti generali che abbiamo richiamato, la filosofia della religione di Hessen trova una fonte primaria di ispirazione in quella di Max Scheler, sviluppata in modo particolare nell'opera *L'Eterno nell'uomo* (1921)[8]: come Scheler, anche Hessen ha cura di salvaguardare il carattere di esperienza vitale dell'atto religioso e più precisamente di considerare quest'ultimo come esperienza di un determinato valore, quello del Sacro, tanto che la religione è per lui definibile come «la relazione vitale dell'uomo con il Sacro»[9]. Ciò ha la finalità di escludere tutti quei sistemi di identità totale o parziale che nella storia della filosofia della religione antica e moderna hanno subordinato la religione alla filosofia e alla metafisica, tralasciando di mettere in rilievo la loro differenza essenziale. Secondo Hessen, l'intellettualismo di questi sistemi ha portato a identificare l'atto religioso con un atto di conoscenza e più precisamente con una conoscenza razionale di Dio, ma tale esito appare infausto dal momento che, come egli afferma, «Dio non può essere oggetto di conoscenza razionale, perché egli non può essere oggetto in senso stretto»[10].

La critica all'intellettualismo si combina, tuttavia, con la critica al tradizionalismo e al fideismo. Negare che l'atto religioso consista propriamente in un atto intellettuale non significa, infatti, né che esso debba essere inteso in senso irrazionalistico né che esso si sottragga di principio a una riflessione razionale. Il concetto che per Hessen permette di

---

[8]  Si veda a questo proposito la presentazione che della filosofia della religione scheleriana Hessen fa nel primo volume della sua opera, pp. 246-269, dove si riprendono alcune parti dell'opera, dedicata a Scheler, *Max Scheler. Eine kritische Einführung in seine Philosophie*, Chamier, Essen 1948.

[9]  Johannes Hessen, *Religionsphilosophie*, II, p. 27.

[10]  *Ivi*, II, p. 81.

evitare questo esito, opposto all'intellettualismo ma ugualmente fallace, è appunto quello di «esperienza» (*Erlebnis*), una volta che si convenga sul fatto che esso non è privo di un significato cognitivo e non è da intendere in senso soggettivistico. Alla base dell'esperienza religiosa sta, infatti, una forma di conoscenza intuitiva che alimenta quell'intima convinzione interiore che nel linguaggio teologico prende il nome di fede. Al tempo stesso nell'esperienza religiosa è il Sacro a essere soggetto, anche se essa può realizzarsi soltanto in virtù di una peculiare disposizione dello spirito umano che, con Rudolf Otto, è definibile come «sentimento del numinoso». I termini con cui Hessen riassume il concetto di esperienza religiosa sono, in effetti, tipicamente ottiani: «L'esperienza religiosa o l'esperienza del Sacro è l'esperienza, che si svolge al centro della personalità, di una realtà valoriale trascendente, che al tempo stesso è *mysterium tremendum* e *mysterium fascinosum*»[11]. L'esperienza religiosa è dunque esperienza di una realtà trascendente lo spirito umano di fronte alla quale quest'ultimo risulta essenzialmente passivo e ricettivo, ma è anche esperienza di un valore che attrae e orienta lo spirito umano conferendogli una certezza originaria, immediata e incrollabile. In questa doppia determinazione si mostra che l'esperienza religiosa ha al tempo stesso una componente ontologica e una assiologica. Il Sacro è avvertito dal soggetto nel medesimo tempo come una realtà immensa e come la quintessenza del valore.

Una simile concezione, come abbiamo detto, non può essere tacciata secondo Hessen di soggettivismo: l'esperienza religiosa non è un mero stato emozionale, ma conoscenza intuitiva di una particolare realtà, la realtà del Sacro. Come tale, osserva ancora difendendo Scheler dai critici, quella

[11] *Ivi*, II, p. 103.

che, vista «dal basso», appare un'esperienza del soggetto, vista «dall'alto» è da considerare come una rivelazione di Dio. In questo senso il famoso asserto scheleriano per il quale «ogni conoscenza di Dio è una conoscenza mediante Dio» ricapitola in sé una tendenza fondamentale della teologia e della mistica cristiana, quella di ispirazione platonico-agostiniana, che nella modernità è andata oscurandosi a seguito dell'affermazione unilaterale di un intellettualismo teologico[12]. Ciò ha fatto sì che un'esperienza di tipo spirituale, non riconducibile esclusivamente ai sensi e al pensiero discorsivo, sia apparsa progressivamente priva di contenuto e che in particolare una conoscenza del valore non abbia avuto più spazio. Uno dei meriti di Scheler è stato appunto quello, secondo Hessen, di aver ridato vigore a questa tendenza del pensiero cristiano che pure non è venuta del tutto meno in epoca moderna e contemporanea come attestano le riflessioni di Blaise Pascal, Joseph Gratry, John Henry Newman, Franz Anton Staudenmaier, Karl Adam e altri.

La riattualizzazione di questa concezione apre alla possibilità di un'auto-fondazione della religione che non è meramente soggettiva, «perché anche la sfera religiosa dei valori è qualcosa di oggettivo e [...] perciò l'auto-fondazione della religione significa una fondazione oggettiva»[13]. In altri termini, per Hessen non si deve dunque commettere l'errore di pensare la fondazione come un atto intellettuale orientato esclusivamente verso la realtà esterna allo spirito, confondendo «oggettivo» con «esteriore alla coscienza»; la fondazione dell'esperienza religiosa è connaturata al suo darsi come intuizione di una determinata realtà e di un determinato valore che, per quanto mediata dalla sensibilità, possiede una natura specifi-

---

[12] Cfr. *ivi*, I, p. 267.
[13] *Ivi*, II, p. 268.

camente spirituale. Sebbene questa intuizione non sia ovviamente identica a una «dimostrazione» che permette l'universale accessibilità della realtà con cui si viene a contatto tramite l'esperienza, essa possiede comunque un valore fondativo.

Il guadagno che il metodo fenomenologico applicato allo studio della religione permette non deve tuttavia nascondere, come abbiamo già detto, i limiti di questo metodo: se vi è un aspetto che è passibile di critica in Scheler, esso è proprio il modo rapsodico e inadeguato con cui egli affronta il problema della verità della religione dopo averne messo in luce l'essenza[14]. Tale insufficienza rimanda alla necessità di un'ulteriore fondazione della religione, quella filosofica, per realizzare la quale, però, è sua volta necessario superare completamente un'impostazione dualistica del rapporto tra religione e filosofia. Col sottolineare questa necessità Hessen precisa il senso della sua critica all'intellettualismo in filosofia della religione. Su questo punto egli concorda con quanto afferma Heinrich Scholz: «Filosofando noi siamo necessariamente intellettualisti: non filosofiamo più se rinunciamo all'intelletto»[15]. L'intellettualismo si distingue quindi in intellettualismo formale e materiale: il primo è consustanziale alla riflessione filosofica, il secondo, invece, rappresenta una particolare concezione che porta a non riconoscere da parte della filosofia esperienze e realtà che non sono intellettuali. Come tale esso va respinto, poiché la sua conseguenza inevitabile è un'indebita logicizzazione della religione, così come della morale o dell'estetica.

A che cosa mira, dunque, in ultimo, una fondazione filosofica della religione? Secondo Hessen, a «portare alla luce i motivi che sono adatti a giustificare la pretesa di verità della

---

[14] Cfr. *ivi*, I, p. 268.
[15] Cfr. Heinrich Scholz, *Religionsphilosophie*, Reuther und Reichard, Berlin 1922², p. 114, cit. in *ivi*, I, p. 17.

religione di fronte al foro della ragione umana»[16]. Non si tratta perciò di dimostrare la verità della religione, ma di far valere delle ragioni a suo favore. «Essa può mostrare che il riconoscimento di questa verità è *razionale*, cioè conforme alla ragione e fino a un certo grado richiesta da essa»[17]. I motivi della diffidenza verso una fondazione filosofica della religione che spesso vengono avanzati sono fondamentalmente riconducibili a un atteggiamento spirituale antimetafisico, di fronte al quale Hessen fa giustamente valere la tesi che «anche la negazione della metafisica è alla fine metafisica»[18]. Qui per metafisica egli intende soprattutto quell'ambito di riflessione filosofica che, in Occidente e altrove, ha portato alla formazione del concetto di Assoluto. Concepito come il fondamento della realtà nel suo complesso, l'Assoluto, in quanto oggetto della metafisica, è realmente identico al Sacro, l'oggetto della religione, per quanto sia distinto da esso sul piano ideale o intenzionale. Appare dunque inevitabile che tra metafisica e religione intercorra uno stretto rapporto, un rapporto che assicura alla religione un triplice guadagno[19]: 1) la metafisica opera una fondazione razionale della religione nel senso che apporta significativi argomenti per la sua verità, senza peraltro poterla mai dimostrare totalmente. Ciò preserva la libertà dell'atto religioso ed evita che la fondazione razionale concluda a un superamento del valore di verità della religione stessa; 2) la metafisica opera uno sviluppo del contenuto della religione, che nel suo momento originario si sottrae alla presa concettuale dell'uomo e appare difficilmente esprimibile se non addirittura ineffabile; la

---

[16] *Ivi*, II, p. 264.
[17] *Ivi*, II, p. 270.
[18] *Ivi*, II, p. 33.
[19] Cfr. *ivi*, II, pp. 35 ss.

metafisica, per mezzo dei suoi concetti, illumina la religione e ne promuove la comprensione; 3) la metafisica opera una sublimazione (*Sublimierung*) della religione, ovvero, come forse sarebbe meglio dire, una purificazione dei contenuti religiosi dal loro carattere spesso arbitrario e fantasioso, e in questo senso opera una critica della religione che è in funzione della sua elevazione spirituale.

Il rapporto tra metafisica e religione non è tuttavia unidirezionale: anche la metafisica riceve qualcosa dalla religione, e precisamente il superamento dell'atteggiamento intellettualistico che le è proprio, venendo a toccare tutti gli altri ambiti dello spirito umano, e soprattutto il superamento del suo carattere formalmente naturalistico. La religione significa, infatti, in ultimo, l'irruzione del soprannaturale nell'ambito della metafisica sotto la forma di una realtà misteriosa.

Delineato secondo questa modalità, il rapporto tra filosofia e religione assume il carattere di un reciproco rimando che evita la subordinazione dell'una all'altra, mantenendole in uno stato di tensione produttiva. Si tratta di una concezione che è molto affine ad altre sviluppate a partire dall'ambito fenomenologico, come quella di Romano Guardini[20] e più recentemente di Richard Schaeffler[21].

[20] Cfr. in particolare gli scritti *Esperienza religiosa e fede* (1934), in Romano Guardini, *Opera omnia II/1. Filosofia della religione. Esperienza religiosa e fede*, vol. I, a cura di Silvano Zucal, Morcelliana, Brescia 2008, pp. 245-279, e *Religione e Rivelazione* (1958), in Romano Guardini, *Opera omnia II/2. Filosofia della religione. Religione e Rivelazione*, vol. II, a cura di Andrea Aguti, Morcelliana, Brescia 2010, pp. 143-301. Per quanto riguarda Richard Schaeffler cfr. Pietro De Vitiis, *Richard Schaeffler tra metodo fenomenologico e metodo trascendentale*, in «Hermeneutica» VII (2000), pp. 41-75.

[21] Cfr. in particolare il secondo volume della sua opera *Philosophische Einübung in die Theologie. Philosophische Einübung in die Gotteslehre*, Alber, Freiburg-München 2004.

*La pretesa di assolutezza del cristianesimo come problema filosofico*

Come abbiamo detto in apertura, l'opera *La pretesa di assolutezza del cristianesimo* è l'ultima a carattere filosofico pubblicata da Hessen. La sua genesi è tuttavia precedente e ha come riferimento più vicino una conferenza che Hessen tenne con lo stesso titolo intorno al 1940[22], e soprattutto uno scritto quasi omonimo che risale addirittura al 1917[23]. Essa rappresenta un'applicazione del modello di filosofia della religione appena delineato a un problema particolare, quello appunto della «pretesa di assolutezza del cristianesimo» rispetto alle altre religioni. Sotto questa formula, che trova i suoi antecedenti nel concetto hegeliano di «religione assoluta» e che appare per la prima volta in modo letterale alla metà del XIX secolo nel teologo protestante Isaak August Dorner[24], fa la sua comparsa nella modernità l'antico problema della «vera religione», identificata con il cristianesimo, e del suo rapporto con le altre religioni. Si tratta di un problema che era stato avvertito in tutta la sua portata già all'inizio dell'epoca moderna da pensatori come Nicolò Cusano e Marsilio Ficino, che si era acuito con la rottura dell'unità confessionale europea a seguito della Riforma protestante, e che l'ampliamento delle conoscenze storico-religiose e in generale la storicizzazione delle dottrine religiose tipica dell'epoca moderna avevano reso evidente in tutta la sua complessità. Già a partire dall'illuminismo, per usare la famosa immagine di Lessing, era apparso, infatti,

[22] Cfr. Christian Weber, *Der Religionsphilosoph Johannes Hessen*, cit., p. 140.

[23] Cfr. Johannes Hessen, *Die Absolutheit des Christentums. Religionsphilosophisch und apologetisch dargestellt*, Verlag Bachem, Köln 1917.

[24] Cfr. Reinhold Bernhardt, *Der Absolutheitsanspruch des Christentums. Von der Aufklärung bis zur pluralistischen Religionsphilosophie*, Gütersloher Verlagshaus Gerd Mohn, Gütersloh 1990, p. 15.

sempre più difficile scavalcare «il sudicio fossato» che separa la storia dall'eternità, e quindi affermare l'assolutezza di una religione che mostra tanto nella sua genesi quanto nella sua struttura i caratteri della contingenza[25]. Con ciò era già posto in modo implicito il problema contemporaneo del pluralismo religioso e del suo significato tendenzialmente relativizzante a fronte della pretesa di verità esclusiva del cristianesimo.

All'inizio del XX secolo questo problema aveva ricevuto una trattazione nell'opera, per certi versi classica, di Ernst Troeltsch *La pretesa di assolutezza del cristianesimo e la storia delle religioni* (1902)[26]. Essa, come diremo tra breve, costituisce un importante punto di riferimento per Hessen che le aveva peraltro dedicato uno scritto giovanile[27], e ha rappresentato uno degli ultimi tentativi rilevanti di giustificare la pretesa di assolutezza del cristianesimo dal punto di vista filosofico. L'accresciuta consapevolezza della pluralità religiosa che connota la società contemporanea, la critica alla religione che appartiene a molte correnti filosofiche del Novecento, la *Stimmung* relativistica assai diffusa a livello culturale, hanno fatto sì che il problema dell'assolutezza del cristianesimo perdesse progressivamente di significato fino ad apparire oggi a molti come superato e la sua riproposizione

---

[25] Cfr. lo scritto *Sulla prova dello spirito e della forza* (1777), in Gotthold Efraim Lessing, *Opere filosofiche*, a cura di Guido Ghia, Utet, Torino 2006, pp. 541-547, in particolare p. 544.

[26] Cfr. Ernst Troeltsch, *Die Absolutheit des Christentums und die Religionsgeschichte (1902/1912), mit den Thesen von 1901 und den handschriftlichen Zusätzen*, hrsg. von Trutz Redtorff, de Gruyter, Berlin 1998 [tr. it. *L'assolutezza del cristianesimo e la storia delle religioni*, Queriniana, Brescia 2006].

[27] Cfr. Johannes Hessen, *Freies Christentum. Eine apologetische Studie zur Religionsphilosophie von Ernst Troeltsch*, in «Theologie und Glaube» VIII (1916), pp. 237-250.

addirittura come provocatoria. Ciò nonostante il problema è rimasto vivo e assai dibattuto in ambito teologico, segnatamente all'interno della teologia delle religioni che si è sviluppata nel cattolicesimo dopo il Concilio Vaticano II[28], e negli ultimi anni è tornato a esserlo anche in ambito filosofico, soprattutto nella filosofia della religione anglo-americana dove esso appare di solito sotto il tema «diversità religiosa» (*religious diversity*). La discussione attuale su questo problema a livello filosofico non verte in modo specifico sulla pretesa di assolutezza del cristianesimo, ma sulla questione se in generale possa essere assegnata alla religione una pretesa di verità e se in particolare una religione possa legittimamente avanzare questa pretesa in modo esclusivo a fronte delle altre. La posizione oggi prevalente in questa discussione, che è piuttosto articolata, è quella sostenuta da John Hick, il quale ricorrendo alla distinzione kantiana tra realtà in sé e fenomeno sostiene una sorta di «parità epistemica» delle religioni[29]. Queste ultime esprimerebbero ciascuna a loro modo il Reale in sé, cioè il Divino, che però, stando oltre la capacità di apprensione umana, relativizza inesorabilmen-

---

[28] Un panorama sintetico delle principali posizioni è presente in Jacques Dupuis, *Vie divine di salvezza o espressioni dell'uomo religioso? L'interpretazione teologica delle religioni mondiali dal Concilio Vaticano II ad oggi*, in Aa.Vv., *Cristianesimo e religione*, Glossa, Milano 1992, pp. 100-134. Per un'analisi più recente e pressoché esaustiva cfr. Paul Knitter, *Introducing Theologies of Religions*, Orbis Books, New York 2002 [tr. it. *Introduzione alle teologie delle religioni*, Queriniana, Brescia 2005]. Un approfondito sguardo storico-sistematico sul problema dal punto di vista ecclesiologico si trova in Giacomo Canobbio, *Nessuna salvezza fuori della Chiesa? Storia e senso di un controverso principio teologico*, Queriniana, Brescia 2009, mentre un panorama d'insieme sulla posizione della teologia cattolica di fronte alle religioni è presente in Karl J. Becker e Ilaria Morali (ed.), *Catholic Engagement with World Religions. A Comprehensive Study*, Orbis Books, New York 2010.

[29] Cfr. John Hick, *An Interpretation of Religion*, Yale University Press, New Haven 2004[2].

te la pretesa di verità delle singole religioni. Si tratta della tesi del pluralismo religioso che considera tutte le religioni come autentiche espressioni del Divino, le quali non possono per questo esaurire l'essenza di quest'ultimo. In un certo senso essa rappresenta una versione attuale dell'incredulità e dello scandalo che l'antichità pagana nutriva di fronte al particolarismo cristiano espressa dalla sentenza del prefetto di Roma Simmaco: «Uno itinere non potest perveniri ad tam grande secretum». Ma in questo dibattito vi è anche chi sostiene in modo pertinente la tesi esclusivista, cioè la tesi che considera una religione come vera e le altre come false[30], e infine chi sostiene la tesi inclusivista che considera una religione come vera e le altre come contenenti elementi di verità che trovano il loro autentico significato e compimento soltanto nella prima[31].

---

[30] Cfr. Alvin Platinga, *A Defense of Religious Exclusivisme*, in Chaid Meister (ed.), *The Philosophy of Religion Reader*, Routledge, London-New York 2008, pp. 40-59. Si tratta di una delle migliori difese della posizione esclusivista da un punto di vista epistemologico.

[31] Si tratta di una tesi che emerge soprattutto nell'ambito della teologia cattolica ed è sostenuta da autori come Karl Rahner e Jacques Dupuis. Naturalmente la oramai classica tassonomia «pluralismo», «inclusivismo», «esclusivismo» ha semplicemente la funzione di indicare le tendenze fondamentali di un dibattito che è molto articolato e comprende posizioni che difficilmente si lasciano ricondurre alla suddetta tassonomia. La posizione di Dupuis, per esempio, è inclusivista in senso lato, perché non pensa le altre religioni semplicemente come gradi preparatori al cristianesimo, ma come capaci di apportare «benefici aggiuntivi e autonomi» (cfr. Jacques Dupuis, *Verso una teologia cristiana del pluralismo religioso*, Queriniana, Brescia 1997, p. 521). In certo senso si tratta di una posizione intermedia tra inclusivismo e pluralismo. Ma un discorso simile andrebbe fatto per il classico rappresentante dell'esclusivismo teologico nel Novecento, cioè Karl Barth, nel quale alla rigida contrapposizione tra religione come prodotto antropologico da un lato e rivelazione di Dio in Cristo dall'altro si accompagna un universalismo della grazia legato alla volontà salvifica di Dio nei confronti dell'uomo.

La discussione attuale su questo problema ha avuto il merito di far percepire nuovamente la diversità religiosa come un tema di assoluto interesse per la filosofia della religione. Gli ostacoli maggiori che oggi si frappongono alla trattazione di esso sono infatti due: da una parte vi è chi tratta la questione della pluralità religiosa, oramai evidente nelle società multiculturali dell'Occidente, come una questione di fatto e non percepisce più nemmeno la possibilità che essa divenga una questione di diritto. Dall'altra vi è chi ritiene che la necessità, soprattutto nell'attuale contesto socio-culturale globalizzato, del dialogo fra le religioni e del rispetto reciproco fra esse determini una sospensione della domanda sulla verità della religione, la quale in effetti, quando affiora nel dibattito pubblico, spesso viene guardata con sospetto, come espressione di arroganza intellettuale o di fanatismo confessionale.

Questi due atteggiamenti sono tuttavia insoddisfacenti. Il primo perché consegna il problema della diversità religiosa al relativismo e impedisce qualsiasi seria discussione su di esso; il relativismo può ovviamente essere il risultato a cui si arriva dopo un'accurata indagine sulla pretesa di verità delle religioni, ma non può costituire la posizione irriflessa di partenza che pregiudica l'intera indagine. Il secondo perché non percepisce la distinzione che vi è tra la tolleranza e il rispetto che si devono portare alle persone e la pretesa di verità che è inerente a certi convincimenti. Ritenere che una persona si sbagli riguardo a una certa questione non fa venir meno necessariamente il rispetto nei suoi confronti. Così è in tutti gli ambiti dell'esperienza umana, e non si vede perché quello religioso debba fare eccezione. Se così non fosse, ogni discussione razionale su disaccordi di varia natura fra le persone sarebbe moralmente intollerabile, e questa conseguenza è ovviamente assurda.

A ciò si aggiunge l'insoddisfazione per la tesi oggi prevalente del pluralismo religioso sostenuta da Hick e da altri.

Innanzitutto si può far notare che mentre rifiuta una pretesa di verità esclusiva alle religioni, essa ne rivendica una simile per se stessa. Ma allora non sembra contraddittorio che, in generale, si possa legittimamente far valere una pretesa di verità, ed essa effettivamente viene sempre fatta valere in modo esplicito o implicito. In secondo luogo, se la tesi del pluralismo religioso implica l'assoluta inconoscibilità del Divino, allora essa rappresenta alla fin fine una forma di agnosticismo che attribuendo alle religioni un eguale valore di verità, in realtà non attribuisce loro alcun valore di verità. Se invece essa presuppone una certa idea del Divino, allora è giocoforza operare delle distinzioni di valore tra le religioni in ordine a questa idea che diviene così normativa.

In effetti anche Hick ritiene che le «grandi fedi mondiali» siano accomunate da una caratteristica, quella di voler promuovere un movimento che spinge l'uomo a distaccarsi dal proprio Sé per indirizzarsi verso il Reale e che il criterio che consente di riconoscere questo movimento sia la presenza dell'amore/compassione[32]. La perplessità di Hick riguardo al fatto che le religioni riescano effettivamente a promuovere questo movimento e l'osservazione che comunque, quando vi riescono, le modalità sono storicamente cangianti e non diverse sul piano del loro valore[33] manifesta però l'intenzione autocontraddittoria di relativizzare il criterio appena indicato. Non meno problematica è poi

---

[32] Cfr. la sintetica presentazione della tesi pluralistica fatta da Hick stesso in *Religious Pluralism*, in Chad Meister - Paul Copan (ed.), *The Routledge Companion to Philosophy of Religion*, Routledge, London-New York 2007, pp. 216-225, in particolare 221-223.

[33] «Ciascuna è passibile in tempi differenti e sotto diversi rispetti di una critica severa, ma questi lati oscuri possono essere trovati in tutte, cosicché, per quanto possiamo giudicare, sembrano essere di uguale valore» (*ivi*, p. 222).

quella posizione, rappresentata fra gli altri da Paul Knitter[34], che piega il problema teorico della pretesa di assolutezza delle religioni verso quello pratico della cooperazione e del dialogo religioso ai fini dell'elaborazione di un'etica globale. Essa rappresenta di fatto una variante del pluralismo religioso che abdica a un criterio di verità in ambito religioso, perde di vista la differenza essenziale tra religione ed etica e ripropone in ambito etico gli stessi problemi di individuazione di un criterio di validità che vengono elusi in ambito religioso.

Se questi ostacoli e queste soluzioni unilaterali vengono superati e il problema della diversità religiosa è avvertito come tale, allora un'opera come quella di Hessen può aiutare a riflettere su questo problema e forse anche a trovare qualche elemento utile per una risposta ad esso. Lo stile chiaro e accessibile con cui Hessen lo affronta consentirà facilmente al lettore di comprendere e valutare le sue tesi. Per quanto ci riguarda, ci limitiamo a richiamare la sua linea argomentativa essenziale per poi fare alcune osservazioni conclusive.

Il punto di partenza di Hessen è rappresentato dalla tesi che l'assolutezza del cristianesimo «non può essere dimostrata, ma solo creduta»[35]. Come tale essa non può essere fondata in modo da renderla oggetto di un sapere universalmente valido e quindi il giudizio «il cristianesimo è la religione assoluta» rappresenta un giudizio di valore indimostrabile. La tesi dell'indimostrabilità di un tale giudizio si rivolge essenzialmente contro due posizioni che, a titolo diverso, ritengono invece di poter offrire una prova di tale assolutez-

---

[34] Cfr. la conclusione «inconcludente», come egli stesso la definisce, di *Introduzione alle teologie delle religioni*, cit., pp. 469 ss.

[35] Cfr. *infra*, p. 43.

za: quella «soprannaturalistica» di matrice teologica e quella storico-evolutiva di matrice filosofica.

Facendo sue le osservazioni di Troeltsch nella classica opera del 1902, Hessen ritiene che entrambe queste posizioni non ottengano il risultato voluto. La prima ritiene di fondare l'assolutezza del cristianesimo sul carattere miracoloso di quest'ultimo, ovvero sul fatto di essere il risultato di un'azione soprannaturale da parte di Dio. Sostenuta tanto dalla teologia cattolica quanto da quella protestante, con la differenza che in quest'ultima essa si accompagna a un rigido esclusivismo, questa posizione può essere criticata, secondo Hessen, sotto diversi aspetti. Un primo aspetto concerne il concetto di miracolo che essa presuppone, che qui viene inteso come l'azione che un Dio «che sta fuori» del mondo opera occasionalmente su di esso. Un simile concetto di miracolo, che Hessen definisce «cosmologico», non tiene conto del fatto che l'azione di Dio sul mondo è continua e che perciò la distinzione tra un'azione diretta e una indiretta di Dio, per mezzo delle cause seconde, appare impropria. A ciò si collega il secondo aspetto critico: anche qualora si potesse concepire il miracolo come un'azione diretta di Dio sul mondo, mancherebbe la prova che esso sia limitato all'ambito cristiano e non possa includere quello delle altre religioni. Perché un intervento divino non può essere ammesso anche in forme di esperienza religiosa diverse dal cristianesimo? Infine, un terzo aspetto riguarda il fatto che anche l'apologetica cristiana ritiene il miracolo come un criterio esterno alla rivelazione divina, che si aggiunge a quelli interni che riposano sul loro contenuto e che sono ritenuti superiori a esso. Anche qualora il miracolo valesse come prova, esso non lo sarebbe in modo isolato e indipendente dal contenuto della rivelazione stessa.

La seconda posizione, quella storico-evolutiva, trova il suo fondamento nella filosofia della religione hegeliana. Essa sostiene che il cristianesimo è la religione compiuta perché in esso ha trovato realizzazione storica l'idea della religione medesima, cioè la sua forma concettuale. Le altre religioni sarebbero, in questa prospettiva, realizzazioni imperfette o approssimazioni al concetto di religione che soltanto il cristianesimo riuscirebbe a esprimere nella sua pienezza. Anche questa posizione presenta, secondo Hessen, diversi aspetti passibili di critica. In primo luogo essa soffre del difetto fondamentale della filosofia della religione hegeliana, e cioè del dissolvimento della religione in filosofia: ciò porta ad affrontare il problema dell'assolutezza del cristianesimo in termini intellettualistici e deduttivi che costringono lo sviluppo storico entro le maglie di una necessità logica che priva quest'ultimo del suo significato proprio. In secondo luogo è contestabile il tentativo di identificare il concetto universale della religione con il suo concetto normativo, poiché dall'uno non si ricava necessariamente l'altro. Infine, ed è l'obiezione più forte, se la storia è necessariamente intesa come realizzazione assoluta del concetto universale di religione, l'identificazione di quest'ultima con il cristianesimo appare contraddittoria, poiché piuttosto è coerente con questo presupposto ritenere l'intera storia delle religioni come una realizzazione del suo concetto, compresa quella che ancora ha da venire.

La critica di queste due posizioni ha la funzione, per Hessen, di preparare il terreno a una effettiva valutazione delle religioni in cui, senza trasformare il giudizio di valore sull'assolutezza del cristianesimo in un giudizio di fatto, si portano motivi oggettivi per giustificare quest'ultimo. Che tale valutazione sia necessaria appare ovvio già per il fatto che all'interno della storia delle religioni le differenze di valore appaiono evidenti e che soltanto una visione estetizzante o relativistica delle religioni può prescindere da una discriminazione del loro valore. A questo proposito si può effettivamente parlare, secondo Hessen, di un'evoluzione nella storia delle religioni, e precisamente di un'evoluzione che dal grado delle religioni primitive, dove la coscienza dei valori e in particolare la coscienza morale non è ancora sviluppata, conduce a quello delle religioni della grazia o della redenzione in cui essa è attuata in pienezza. Fra le religioni della grazia o della redenzione il cristianesimo sembra distinguersi sia per la pienezza che per la superiorità valoriale. Esso manifesta valori come quello della personalità (sia divina che umana), della comunità umana, della storia, che appaiono insufficientemente affermati dalle religioni della redenzione orientali, nelle quali, inoltre, s'incontrano dottrine riguardanti la natura del divino, l'eterno ritorno, il disprezzo del mondo materiale che risultano profondamente ambigue e problematiche.

Ma oltre che dal punto di vista storico la pretesa di assolutezza del cristianesimo può essere giustificata anche da quello fenomenologico. Ciò significa che è possibile, a partire dalla storia, e dunque non in modo deduttivo come accade nella filosofia della religione hegeliana, acquisire un concetto essenziale della religione che poi viene riportato a livello storico per vedere quale religione concreta lo adegui effettivamente. A questo concetto essenziale della religione appartengono alcune caratteristiche che sono proprie dell'esperienza religiosa, e cioè quella di essere l'esperienza realistica di un valore supremo che appare «totalmente altro» rispetto al mondo, ma anche capace di agire in esso, che atterrisce per la sua smisurata grandezza, ma anche affascina. Come si vede, si tratta della comprensione del Sacro che Rudolf Otto ha offerto nella sua classica opera *Il Sacro* (1917)[36], e che Hessen assume come normativa per la comprensione dell'essenza della religione.

---

[36] Una nuova e accurata traduzione italiana di quest'opera è contenuta in Rudolf Otto, *Opere*, a cura di Stefano Bancalari, Fabrizio Serra Editore, Pisa-Roma 2010, pp. 200-324.

Nel cristianesimo queste caratteristiche sono tutte presenti e in forma esemplare; in particolare, l'elemento su cui Hessen richiama maggiormente l'attenzione è quello dell'affermazione congiunta della trascendenza e dell'immanenza di Dio al mondo che riveste un'importanza centrale nel cristianesimo e gli consente di evitare gli estremi del monismo e del deismo. In ciò risulta per Hessen massimamente evidente che il cristianesimo realizza la pienezza essenziale della religione.

Un ulteriore argomento che motiva la pretesa di assolutezza del cristianesimo fa leva sul confronto tra i valori etici presenti in quest'ultimo e la coscienza morale universale. Anche in questo caso non si tratta di derivare deduttivamente dall'etica il criterio per valutare la religione, ma di considerare il collegamento che esiste tra la visione religiosa e l'agire etico. Tale collegamento nel cristianesimo assume una forma indiretta: da una parte, infatti, si riconosce alla morale una sua autonomia, ma dall'altra si mette l'accento sul fatto che una piena realizzazione del bene morale nel mondo non soltanto presuppone che il fondamento di quest'ultimo abbia a sua volta una natura morale, ma che l'agire morale del soggetto venga sostenuto e sollevato da una potenza soprannaturale che si oppone agli impulsi contrari della natura umana. Il concetto di autonomia si relaziona, così, a quello di teonomia e viene a indicare Dio come garante della moralità. Tale concezione supera ogni forma di legalismo morale o di misticismo che snatura in ultimo l'agire etico. Il modello di relazione tra religione ed etica presente nel cristianesimo vale, peraltro, in generale anche per il rapporto tra religione e cultura. Anche in questo caso la fondazione dei valori mondani a partire da quello religioso non elimina i primi, ma li porta a piena realizzazione, proprio mostrando quale sia il loro autentico senso.

Un ultimo argomento che Hessen sviluppa per sostenere la tesi dell'assolutezza del cristianesimo muove dalla natura dell'esperienza religiosa. Quest'ultima, come si è detto, è esperienza di una realtà sovra-mondana che al tempo stesso è percepita come un valore assoluto. In quanto tale, l'esperienza religiosa autentica possiede sempre una dimensione di assolutezza, di cui la personalità religiosa si fa portatore in misura minore o maggiore. Nel caso della personalità di Cristo, secondo Hessen, non si ha a che fare soltanto con l'assolutezza irriflessa che appartiene a tutte le forme di esperienza religiosa, né con l'assolutezza derivata da un'attribuzione successiva di valore da parte dei discepoli del genio religioso, ma con l'assolutezza che è consustanziale alla personalità di Gesù e che travalica i limiti del profetismo. Gesù non soltanto ha esperienza di una rivelazione di Dio, non soltanto è uno dei rivelatori di Dio, ma è *il* rivelatore di Dio. Il senso del dogma cristologico, che considera Gesù come «Figlio» di Dio, è dunque strettamente connesso a questa fede nell'assolutezza della sua personalità. Ma se questo è vero, allora, secondo Hessen, troviamo proprio in Gesù Cristo la forma piena ed esemplare della pretesa di assolutezza che in generale è propria delle religioni.

## Osservazioni conclusive

A conclusione della nostra introduzione vorremmo richiamare l'attenzione su due elementi delle tesi sostenute da Hessen in questo testo. Un primo elemento riguarda la posizione di fondo della sua tesi che è senza ombra di dubbio inclusivista. I diversi argomenti che egli porta a sostegno della pretesa di assolutezza del cristianesimo non presuppongono mai, infatti, una totale separazione del cristianesimo dalle altre forme religiose, ma una differenza qualitativa all'interno di una minore o maggiore similarità fenomenologica. Nel sostenere questa posizione Hessen sembra riferirsi a due modelli diversi: quello della teologia liberale, presente per esempio in Troeltsch e in Otto, che si può definire della «superiorità gerarchica», e quello della maggioranza della teologia cattolica, che a sua volta potrebbe essere definita della «dualità inclusiva»[37]. Da una parte, infatti, Hessen condivide l'idea di una evoluzione nella storia delle religioni che mostra un senso e un vertice nel cristianesimo. Dall'altra, questa evoluzione è privata di qualsiasi necessità logica, poiché il passaggio da una religione a un'altra, per usare le parole di Otto, non avviene gradualmente, «ma sempre e soltanto *per saltum*»[38], cosicché il vertice di questo sviluppo non viene inteso soltanto come un prolungamento di ciò che sta in basso o una sua integrazione, ma anche come un suo superamento e una sua purificazione. Proprio questa concezione permette a Hessen di andare oltre la posizione della teologia liberale, poiché in effetti l'affermazione di superiorità gerarchica del cristianesimo sulle altre religioni non è di per sé identica a quella dell'assolutezza. Quest'ultima risulta da una compiutezza contenutistica e da una validità universale che, secondo Hessen, si ritrova soltanto nel cristianesimo e che è ineguagliabile dalle altre religioni passate o future.

L'asserzione di una «dualità» tra il cristianesimo e le religioni acquista però un significato inclusivo, perché, come Hessen dimostra rimandando alla dottrina antica del *logos spermatikos*, e alla sua ripresa nella moderna scienza della religione comparativistica (Friedrich Heiler), il contenuto di verità compiutamente presente nel cristianesimo si trova in modo frammentario anche in altre religioni, assieme a

---

[37] Per questa terminologia cfr. Reinhold Bernhardt, *Der Absolutheitsanspruch des Christentums. Von der Aufklärung bis zur pluralistischen Religionsphilosophie*, cit., pp. 71 ss.

[38] Rudolf Otto, *Die Gnadenreligion Indiens und das Christentum. Vergleich und Unterscheidung*, Beck, München 1930, p. 77.

rappresentazioni svianti e ambigue. Come egli afferma alla fine della sua ricerca: «Il riconoscimento di una *revelatio specialis* in Cristo ha come presupposto l'accettazione di una *revelatio generalis*»[39]. Con ciò Hessen non offre una risposta a delicati problemi teologici riguardanti il modo in cui la rivelazione di Dio opera nelle altre religioni o la necessità o meno della mediazione salvifica della Chiesa, ma rende plausibile sul terreno filosofico e della scienza delle religioni una risposta teologica a essi.

Il secondo elemento su cui intendiamo soffermarci riguarda la natura delle argomentazioni a favore della pretesa di assolutezza del cristianesimo portate da Hessen. Come si è visto esse non hanno l'obiettivo di «dimostrare» o «provare» l'assolutezza del cristianesimo; per quanto, infatti, il giudizio sull'assolutezza del cristianesimo sia sostenuto da argomenti razionali, esso rimane nondimeno un giudizio di valore. In questo come in altri problemi di filosofia della religione l'obiettivo di fornire una dimostrazione inconfutabile appare dunque irrealistico, visto che in ultimo ciò che le argomentazioni razionali si propongono anche in questo ambito, rivolgendosi alla ragione altrui, è un libero consenso su di esse[40]. Se questa impostazione generale della filosofia

[39] Cfr. *infra*, p. 152.

[40] Cfr. a questo riguardo le interessanti osservazioni di Winfried Löffler, *Che cosa ci si dovrebbe aspettare da un argomento filosofico a favore di Dio?*, in Ermenegildo Bidese - Alexander Fidora - Paul Renner (ed.), *Il Dio della ragione e le ragioni di Dio*, vol. I, *Il Dio della ragione e l'esperienza religiosa*, AlboVersorio, Milano 2009, pp. 25-48. Si tratta del resto di una posizione largamente condivisa anche in teologia. A proposito della contrapposizione tra il modello «mistico» della religione e quello «monoteistico» e della decisione a favore dell'uno o dell'altro, ha scritto Joseph Ratzinger: «Questa decisione, in ultima analisi, è piuttosto una questione di fede, seppure di una fede che si avvale di *preambula* razionali. Quel che si può fare sul piano scientifico è, unicamente, ten-

della religione di Hessen è oramai largamente condivisibile e accettabile, rimane tuttavia il problema, nel nostro caso, che gli argomenti da lui portati fanno valere, con la parziale eccezione di quello riferito al rapporto con l'etica, soltanto criteri interni alla religione che sono centrati in modo particolare sulla pienezza valoriale del cristianesimo. La cosa si spiega con l'adesione di Hessen a una filosofia dei valori, ma ciò costituisce un limite oggettivo della sua argomentazione. Per rendere pienamente plausibile dal punto di vista filosofico una valutazione delle religioni occorre perciò far valere anche criteri esterni.

Concludiamo proprio menzionando alcuni di essi che sono ricorrenti nella discussione attuale nell'ambito della filosofia della religione analitica[41]: in primo luogo, vi è il criterio della consistenza logica, cioè della mancanza di auto-contraddizione nel sistema dottrinale di una religione che contiene affermazioni sulla natura del divino, sul suo rapporto con il mondo ecc. Se, per esempio, un sistema religioso affermasse (come nel caso di qualche scuola buddhista che tutti i punti di vista religiosi sono ugualmente falsi, esso verrebbe meno a questo criterio e risulterebbe sospetto. In secondo luogo, vi è il criterio della coerenza complessiva di un sistema dottrinale religioso, cioè della reciproca integrazione fra le diverse parti che lo compongono, che

---

tare di conoscere ancor più da vicino la struttura delle due vie e la loro reciproca relazione» (Joseph Ratzinger, *Fede, tolleranza, verità*, Cantagalli, Siena 2003, p. 31).

[41] Cfr. Keith Yandell, *Religious Experience and Rational Appraisal*, in «Religious Studies» 8 (1974), pp. 173-187; Harold Netland, *Dissonants Voices. Religious Pluralism and the Question of Truth*, Eerdman, Grand Rapids (Mi) 1991, pp. 151-195; William Wainwright, *Philosophy of Religion*, Wadsworth, New York 1999[2], pp. 182-185. Per una sintesi Chad Meister, *Introducing Philosophy of Religion*, Routledge, London-New York 2009, pp. 37 ss.

può andare da un minimo a un massimo e appunto offrire su questa base sufficienti elementi di discernimento. In terzo luogo, vi è il criterio della compatibilità di un sistema dottrinale religioso con altri ambiti di conoscenza umana che appaiono ben fondati. Qualora vi fosse una flagrante contraddizione con questi ultimi da parte di una credenza religiosa all'interno del sistema, essa potrebbe rappresentare l'indizio dell'insostenibilità di quella credenza o, nel caso che essa sia fondamentale, dell'intero sistema dottrinale. In quarto luogo, vi è il criterio della capacità di un sistema dottrinale religioso di fornire una comprensione e addirittura una spiegazione di certi problemi dell'esistenza umana, in particolare della natura umana, del senso della sofferenza o del desiderio umano di vivere dopo la morte. Anche in questo caso un sistema dottrinale religioso che, per esempio, affermasse l'inesistenza del Sé come soggetto unitario di coscienza e azione si esporrebbe a legittimi dubbi circa la sua consistenza complessiva. Infine, un ultimo criterio è quello, per così dire, della plausibilità esistenziale delle religioni, cioè se esse soddisfino o meno ad alcune concezioni morali ed estetiche universalmente condivise che permettono agli uomini di vivere in modo responsabile. Anche in questo caso, un'evidente contraddizione con queste ultime getterebbe un'ombra sulla validità del sistema religioso in questione.

Naturalmente tutti questi criteri non trovano una facile e univoca applicazione, ma possono concorrere a dare una risposta al difficile problema del discernimento religioso nell'epoca della pluralità religiosa ed eventualmente indirizzare, assieme agli argomenti fatti valere in questo testo da Hessen e da altri ancora, verso una responsabile, articolata e non irriflessa affermazione di assolutezza del cristianesimo.

# Il cristianesimo
# è davvero la religione assoluta?

# Premessa

Da quando Ernst Troeltsch, poco dopo l'inizio del Novecento, ha sollevato il problema dell'assolutezza del cristianesimo, esso è stato sempre di nuovo posto e discusso. Sebbene la maggior parte delle discussioni abbiano cercato di trovarne la soluzione, esse, limitandosi a una considerazione storica, hanno rappresentato tentativi intrapresi con mezzi inappropriati. Infatti, o positiva o negativa che sia, una soluzione del problema non si lascia trovare con mezzi puramente storici, poiché l'aspetto che riguarda la storia delle religioni è soltanto la facciata, dietro alla quale si nasconde una più profonda problematica che riguarda la filosofia della religione. Analizzarla con tutti i mezzi della filosofia, questo il fine della presente ricerca. Essa non vuole sostituire la visione storica del problema, ma integrarla e approfondirla. All'autore, sulla base di molteplici esperienze e osservazioni, appare dubbio che lo storico mostrerà comprensione per la necessità di un simile lavoro, ma, in ogni caso, egli spera, attraverso la trattazione di questo problema dal punto di vista della filosofia della religione, di poter contribuire in modo essenziale alla sua chiarificazione.

Sull'attualità del problema, di fronte alla propaganda sempre più intensa in ambito cristiano da parte delle altre religioni, non c'è bisogno di dire molto.

Vorrei soltanto aggiungere che molte questioni che qui sono state affrontate concisamente hanno ricevuto una trattazione estesa nella mia *Religionsphilosophie* (Reinhardt, München 1955, 2 volumi).

*Köln, Pentecoste 1962*
*L'Autore*

# Introduzione

Una filosofia della religione che voglia trattare in modo esaustivo del problema religioso deve assolvere a un quadruplice compito. Anzitutto, deve mettere in rilievo l'esperienza vitale dei valori religiosi di fronte agli altri valori con l'obiettivo di mostrare l'*autonomia* della religione. In secondo luogo, deve penetrare a fondo nel fenomeno religioso così considerato per cercare di sondarne l'*essenza*. In terzo luogo, dopo aver assolto alla questione dell'essenza, deve volgersi a quella della *verità* per verificare la pretesa che la coscienza religiosa ha di essere valida sul terreno della realtà. Infine, deve rivolgere la sua attenzione a quelle forme e a quei modelli tipici nei quali l'essenza della religione ha trovato la sua realizzazione concreta, cioè a dire *storica*.

La filosofia della religione deve dunque elaborare il problema della religione sotto un quadruplice punto di vista: quello che riguarda la filosofia dei valori, quello fenomenologico, quello che riguarda la teoria della conoscenza e, infine, quello che riguarda la filosofia della storia. Questi quattro punti di vista sono validi non soltanto quando si tratta della religione *in abstracto*, ma anche quando si tratta della religione *in concreto*, cioè della forma storica della religione. Nel nostro caso, oggetto della ricerca filosofica è la pretesa di assolutezza della religione *cristiana*, ricerca che per essere condotta a fondo non deve venir meno a nessuno dei suddetti punti di vista.

Su ciò che significa la pretesa del cristianesimo di valere come religione assoluta non c'è certo bisogno di dilungarsi. «Assoluto» è il contrario di «relativo». Una religione relativa o, in termini più corretti, una religione di valore soltanto relativo è tale perché è valida esclusivamente per determinati popoli, razze o culture. Al contrario, una religione assoluta possiede validità per tutti i popoli, le razze e le culture. Considerata nella dimensione cronologica, l'assolutezza significa la validità per tutti i tempi. In ciò è compreso che una simile religione non potrà mai venir superata da un'altra. Essa è appunto la religione compiuta oltre la quale non può darsene una superiore. Per questo l'espressione «assolutezza del cristianesimo» significa che il cristianesimo è la *religione determinata che, in quanto perfettamente compiuta, vale per tutti i tempi e i popoli, ovvero è la religione dell'umanità*.

Ora, il primo aspetto che il problema dell'assolutezza del cristianesimo offre al filosofo della religione che vi riflette è quello che riguarda la *teoria della conoscenza*. Si tratta infatti di chiedersi se e fino a che punto una simile pretesa goda di una giustificazione scientifica. Una ricerca di teoria della conoscenza comprende in sé una parte positiva e una parte critica. Sono state infatti elaborate diverse teorie significative aventi come fine quello di giustificare razionalmente la pretesa di assolutezza della religione cristiana e che vale la pena di sottoporre a un esame critico. Tuttavia, preliminarmente, va mostrato in modo positivo fino a che punto la conoscenza scientifica abbia la capacità di risolvere la nostra questione, e dunque in che misura il problema dell'assolutezza si lasci impostare secondo mezzi scientifici. Il giudizio «la religione cristiana è la religione assoluta» deve cioè essere indagato secondo il suo carattere logico-conoscitivo in modo che risulti evidente se e fino a che punto sia capace di una fondazione razionale. Dovesse risultare che una tale validità assoluta del cristianesimo non è dimostrabile, allora bisognerà domandarsi se almeno lo sia la sua validità relativa. Ciò conduce a una ricerca sulla questione se e fino a che punto vi sia una comparazione o una misurazione oggettiva che riguarda il valore delle religioni.

Dopo la discussione della questione gnoseologica occorrerà affrontare direttamente la religione cristiana per renderla oggetto di un'analisi *fenomenologica* in cui viene messo in rilievo il più chiaramente e compiutamente possibile il suo contenuto ideale e valoriale, per confrontarlo con il fenomeno religioso originario e considerare se questo abbia trovato qui la realizzazione onnicomprensiva di tutti i suoi momenti. Se questa prova potesse essere condotta in modo esatto, allora l'assolutezza del cristianesimo sarebbe dimostrata. Hegel ha creduto a questa possibilità, ma soltanto perché ha razionalizzato completamente la religione riducendola a metafisica. Se si intuisce che in questo modo la religione viene distrutta in quella che è la sua essenza più intima, allora si capisce che l'obiettivo che Hegel si è proposto è in linea di principio irraggiungibile. Il carattere sovrarazionale della religione ne esclude, infatti, il conseguimento.

L'analisi di tipo fenomenologico necessita di un'integrazione attraverso la *filosofia dei valori*. Non possiamo limitarci a una considerazione della coscienza religiosa, ma dobbiamo anche impegnare la coscienza non-religiosa o profana dei valori. Dobbiamo cioè vedere se la religione cristiana corrisponda anche alle richieste di questo tipo di coscienza dei valori. Infatti, una religione che solleva la pretesa di essere perfettamente compiuta deve rispondere in ugual misura ai postulati della coscienza profana e di quella religiosa.

Dopo aver considerato da un punto di vista fenomenologico e della filosofia dei valori l'aspetto ideale (contenutistico) del cristianesimo, occorrerà valutarne l'aspetto reale (storico) dal punto di vista della *filosofia della storia*. Questa analisi ci fornirà, forse, un significativo punto d'appoggio a favore dell'assolutezza del cristianesimo. Esso potrebbe anzitutto esser trovato nella pretesa di assolutezza del suo fondatore, qualora si lasciasse dimostrare storicamente. Per operare una tale dimostrazione con la necessaria precisione dovremo quindi analizzare dal punto di vista della filosofia della storia il significato della personalità nella storia in generale e nella storia delle religioni in particolare.

# Capitolo primo

# Riflessione gnoseologica

## 1. *Fede e sapere nella questione dell'assolutezza*

All'inizio della nostra ricerca poniamo la seguente tesi: *l'assolutezza del cristianesimo non può essere dimostrata, ma soltanto creduta.* Diamo ragione di questa tesi chiarendo la struttura logica della proposizione che afferma l'assolutezza del cristianesimo.

Il giudizio «il cristianesimo è la religione assoluta, cioè perfettamente compiuta», si caratterizza senz'altro come un giudizio di *valore*, appartenendo a quella classe di giudizi che attribuiscono al loro oggetto un predicato valoriale. A questi giudizi si oppongono quelli che riguardano l'*essere*, cioè quelli in cui si afferma qualcosa non sul valore ma sull'essere di un oggetto. Questi ultimi possono riferirsi tanto alla particolarità dell'essere (essenza), quanto all'esserci (esistenza) dell'oggetto. Di conseguenza noi distinguiamo i giudizi che riguardano l'essenza da quelli che riguardano l'esistenza. Tuttavia, oltre all'essenza e all'esistenza, vi è un terzo momento nell'oggetto: l'essere che riguarda il valore e a questo, appunto, si riferisce il giudizio di valore.

Ora, ci si domanda se sia possibile mostrare o motivare la verità di un giudizio di valore. Per dare una risposta da un punto di vista gnoseologico prendiamo in considerazione tutte e tre le classi di giudizi.

I giudizi che riguardano l'essere attribuiscono al loro oggetto predicati ontici (esempio: la neve è bianca, l'anima umana è immortale). In questo caso si può trattare tanto di determinazioni empiriche (come nel primo esempio), quanto di determinazioni non empiriche (come nel secondo). Nel primo caso si dà uno stato di cose che appartiene all'esperienza, nel secondo al pensiero. Là il giudizio si appoggia alla percezione, all'esperienza, qui al pensiero, alla ragione. Nel primo caso si ha dunque a che fare con un giudizio di esperienza, nel secondo con uno di ragione. Ora, come ci si regola con il giudizio di valore? Se io pronuncio il giudizio (estetico): questo vaso è bello, attribuisco all'oggetto del giudizio un predicato che non è dato nella percezione sensoriale come tale. Che il vaso abbia una forma e una grandezza, così come un colore e una pesantezza determinati, è cosa che posso accertare con i sensi. Al contrario, l'attributo «bello», che riguarda la sua qualità di valore, non lo posso cogliere con i sensi, perché quest'ultima non riguarda i sensi ma il valore. Essa non può essere intuita con i sensi, ma soltanto con lo spirito. La percezione sensoriale è il presupposto di questa visione (*Schau*), ma non lo è essa stessa. Per questo il giudizio di valore non si fonda né su una percezione sensoriale, né su operazioni mentali, ma su una visione o su un'esperienza del valore. Il suo riconoscimento presuppone, dunque, una determinata esperienza del valore e soltanto chi ne è partecipe è in grado di cogliere la verità di un giudizio di valore, di possedere quella stessa esperienza del valore sulla quale quest'ultimo si fonda. Ma con ciò si è anche detto che il giudizio di valore è essenzialmente indimostrabile. La sua struttura logica esclude una dimostrabilità razionale.

Se applichiamo quanto affermato alla nostra questione, vedremo senz'ombra di dubbio per quale motivo l'assolutezza del cristianesimo non sia scientificamente dimostrabile. Il giudizio «il cristianesimo è la religione assoluta» è un *giudizio di valore* ed è perciò *indimostrabile*. Chi ha chiara la struttura logica di un giudizio di valore sa che a esso manca necessariamente l'evidenza razionale. La convinzione che viene espressa in un giudizio di valore deriva, come abbiamo mostrato, non da un'operazione mentale, ma da una precisa esperienza del valore. Una tale convinzione siamo soliti chiamarla *fede*. Al contrario del sapere, infatti, la fede non si fonda su un'evidenza razionale, immediata o mediata che sia, cioè su una prova acquisibile, ma su un'esperienza interiore. Se questa ha un carattere religioso, allora si ha a che fare con la fede religiosa. Il giudizio «il cristianesimo è la religione assoluta» deve di conseguenza essere caratterizzato come *giudizio riguardante la fede religiosa*. L'esperienza religiosa sulla quale si appoggia è l'incontro col Dio vivente in Cristo, cioè l'esperienza della salvezza espressa meravigliosamente dai seguenti versi:

«Ich habe nun den Grund gefunden,
Der meinen Anker ewig hält»[1].

Con ciò risulta evidente anche il motivo per cui tutti i tentativi di dimostrare scientificamente l'assolutezza del cristianesimo siano destinati al fallimento. Essi lo sono perché si fondano su un disconoscimento del carattere logico della tesi dell'assolutezza, non vedendo che questa presenta un giudizio di valore o, come ora possiamo anche dire, un giudizio di fede che come tale non potrà mai essere oggetto di dimostrazione scientifica. Di fronte a simili tentativi deve perciò esser sottolineato con forza che l'assolutezza del cristianesimo non è affare del *sapere*, ma della *fede*.
Il merito di aver scoperto l'indimostrabilità dell'assolutezza del cristianesimo, attraverso una critica minuziosa dei suoi

---

[1] «Ora ho trovato il fondo su cui gettare in eterno la mia ancora» [*ndt*].

tentativi di fondazione razionale, va ad Ernst Troeltsch[2]. A prescindere da come ci si ponga nei confronti della sua trattazione del problema dell'assolutezza, un riconoscimento su questo punto non può certamente mancargli. La certezza con cui il cristiano afferma l'assolutezza della propria religione non può mai essere prodotta attraverso un procedimento razionale, ma è piuttosto una *certezza di fede*. Questa convinzione comincia a farsi strada anche nella teologia cattolica. In uno scritto in cui si respira l'ampiezza dello spirito cattolico, dal titolo *Das Religiöse in der Menschheit und das Christentum*, Otto Karrer sottolinea «i limiti del metodo della storia delle religioni, in quanto la comparazione dei contenuti che esso sviluppa non è in grado di apportare alcunché di decisivo per stabilire l'assolutezza di un *Credo* su un altro. Ciò a cui contribuisce è piuttosto il rafforzamento di un itinerario verso la fede, o la *conferma* di una fede che è già stata acquisita»[3]. L'affermazione dell'assolutezza del cristianesimo è dunque, in ultima istanza, una decisione religiosa, un atto di fede. «Non ha certo bisogno di una fondazione il fatto che l'assenso personale a una tale gerarchia del cosmo – tutto in Cristo a gloria del Padre – *non sia acquisibile soltanto a partire dalla ragione*, ma sia un atto di fede che va oltre la ragione»[4]. Un tale atto di fede trova la sua radice più profonda nel movimento dello spirito verso Cristo, in un movimento dell'amore che è già opera della grazia: «La fede cristiana è il Sì dello spirito al Dio vivente

---

[2] Cfr. il suo scritto, *Die Absolutheit des Christentums und die Religionsgeschichte*, II Aufl., JCB Mohr (Paul Siebeck), Tübingen 1912 [tr. it. *L'assolutezza del cristinesimo e la storia delle religioni*, Morano, Napoli 1968].

[3] Otto Karrer, *Das Religiöse in der Menschheit und das Christentum*, Herder, Freiburg 1934, p. 134.

[4] *Ivi*, p. 170.

nel mistero di Cristo. Questo Sì presuppone indubbiamente il convincimento circa Dio e una autentica conoscenza, attraverso sicuri segni, della sua volontà di rivelazione, ma la radice profonda della fede è qualcosa di completamente personale e di interiore: l'amore, in quanto opera della grazia, esattamente come l'amore in genere, non può essere richiesto né tanto meno imposto dall'esterno»[5].

La nostra tesi per la quale l'assolutezza del cristianesimo non può essere provata ma solo creduta, abbisogna tuttavia di essere completata da una *seconda* tesi. Essa suona: anche se l'assoluto valore di validità della religione cristiana non è affare del sapere ma della fede, ciò non esclude che *si possano addurre importanti motivi razionali per questa fede*. Fede e sapere sono sì separati, ma non sono due funzioni spirituali contrapposte. Già l'unità dello spirito umano esclude un dualismo di *fides* e *ratio*. Giustamente Goethe afferma: «Fede e sapere non stanno lì perché l'una superi l'altro o viceversa, ma per completarsi a vicenda». Ciò è vero anche per la nostra questione. La convinzione circa il valore di validità assoluta della religione cristiana non può essere trasformata in un sapere; essa è e rimane una convinzione di fede. Tuttavia, è possibile mostrare che essa è sostenuta anche dal sapere e se non è capace di una prova scientifica – poiché una tale prova significherebbe la sua riduzione al sapere – certamente è in grado di fornire una giustificazione razionale.

Questa consiste in una chiarificazione dei motivi oggettivi che fanno apparire quella fede come un *rationabile obsequium* (Rm 12, 1) e che così, in certo qual modo, la giustificano di fronte al foro della *ratio* umana. Con Otto Karrer possiamo anche dire: «La ragione può arrivare soltanto al punto di mettere di fronte agli occhi dell'uomo, che è entrato nell'ambi-

---

[5] *Ivi*, pp. 172 ss.

to della scienza della rivelazione cristiana, la sua *credibilità*»[6]. Qui la cosa sta esattamente negli stessi termini della questione su Dio. Anch'essa non esperisce tanto una soluzione finale nell'ambito del sapere, quanto piuttosto in quello della fede. Le prove sull'esistenza di Dio che potrebbero fare della fede in Dio un sapere non raggiungono il loro fine; tuttavia, se anche non c'è nessun sapere dimostrabile su Dio, ma solo una fede, certamente questa fede è capace di una giustificazione dal punto di vista del sapere. La *ratio* umana, infatti, è chiamata e abilitata a scoprire i motivi che fanno apparire la fede in Dio come conforme alla ragione e in ciò consiste anche il vero senso delle prove sull'esistenza di Dio. Queste non consistono in una trasformazione della fede in Dio nel sapere, ma in una giustificazione della fede in Dio dal punto di vista del sapere.

## 2. *Critica delle teorie dell'assolutezza*

Ricaveremo una conferma della nostra tesi circa l'indimostrabilità dell'assolutezza del cristianesimo operando una critica delle diverse teorie dell'assolutezza. Ne esistono tre: la teoria dell'apologetica soprannaturalistica risalente alla scolastica, la teoria dell'apologetica evoluzionistica fondata da Hegel e la teoria formulata dalla teologia dialettica.

### a) La teoria dell'assolutezza dell'apologetica soprannaturalistica

Nel sistema della teologia cattolica, per come è stato fondato da Tommaso d'Aquino, l'apologetica – o teologia fondamentale, come viene anche chiamata – occupa un posto importante. Essa ha il compito non piccolo di provare con mezzi scientifici la verità della religione cristiana. L'apologetica, afferma uno dei suoi rappresentanti, «è la prova scientifica

---

[6] *Ivi*, pp. 170 ss.

del cristianesimo» o meglio «la prova del cristianesimo come la religione assoluta rivelata da Dio»[7]. Con ciò si è accennato al modo in cui questo tipo di apologetica cerchi di dimostrare il cristianesimo come la religione assoluta. Essa lo fa per mezzo della prova del suo carattere rivelato soprannaturale. La religione cristiana non è un prodotto dell'uomo, ma di Dio, e a essa non si mette capo grazie all'attivazione di forze religiose che appartengono alla natura, ma attraverso una rivelazione immediata di Dio. Le verità che formano il suo contenuto sono rivelate da Dio e perciò hanno validità assoluta. Tuttavia, che il cristianesimo si fondi su una diretta autodischiusura di Dio, questo tipo di apologetica cerca di assicurarlo con la prova derivata dal miracolo.

Essa comprende il miracolo come un evento reale che si fonda su un intervento diretto di Dio. In accordo con Tommaso, il miracolo è definito come «effectus sensibilis, qui divinitus fit praeter ordinem totius naturae»[8]. Mentre l'evento naturale è opera delle *causae secundae*, il miracolo significa l'intervento della *causa prima*. Le cause seconde sono eliminate a favore della causa prima che qui entra in azione. Infatti, mentre l'evento naturale presenta un agire di Dio mediato, in quanto Egli opera per mezzo di cause naturali, l'evento soprannaturale o miracoloso rimanda all'agire immediato di Dio. Ma poiché in questo modo Dio dà origine alla religione cristiana, con ciò Egli testimonia che questa religione non è opera dell'uomo, ma di Dio e cioè che si fonda su una rivelazione divina. Così, per questo tipo di apologetica, i miracoli sono *signa certissima divinae revelationis*.

---

[7] Joseph Pohle, *Christlich-katholische Dogmatik*, in *Kultur der Gegenwart*, parte I, sez. IV, 2: *Systematische christliche Religion*, Teubner, Berlin-Leipzig 1909[2], p. 39.

[8] Joseph Bautz, *Grundzüge der christlichen Apologetik*, Franz Kirchheim, Mainz 1906[3], p. 41.

Appare evidente che questa teoria dell'assolutezza sta o cade con il concetto di miracolo su cui si fonda. Un simile concetto, come emerge chiaramente dalla definizione dell'Aquinate, è di tipo cosmologico. Alla base di esso vi è la distinzione fra un duplice modo di azione da parte di Dio, uno indiretto e uno diretto. Quello rientra nell'azione che dipende da cause naturali, questo nell'azione che dipende dalla causa prima. L'insufficienza di un simile concetto di miracolo consiste, anzitutto, nell'antropomorfismo dell'idea di Dio che gli è a fondamento. Dio viene in certo qual modo pensato come se stesse dietro al mondo. Dio ha creato quest'ultimo e ora sta, per così dire, di fronte a esso. Tutti gli eventi mondani si danno secondo le leggi che sono immanenti alle cose, ma, talora, il Creatore interviene direttamente negli avvenimenti in modo che essi non siano più effetto delle *cause secundae*, ma della *causa prima*.

Il rapporto tra Dio e il mondo viene dunque rappresentato qui secondo l'analogia di relazione, quasi alla maniera in cui un ingegnere sta di fronte alla macchina che ha costruito e che controlla. Questo antropomorfismo, tuttavia, è intollerabile agli occhi di una coscienza religiosa purificata, giacché pensa il rapporto di Dio con il mondo in modo troppo ravvicinato e organico. Dio non ha chiamato il mondo all'esistenza per mezzo di un atto creativo unico, per poi intervenire nel suo corso soltanto occasionalmente; questo corso, al contrario, non è che una *creatio continua*. Il mondo è a ogni istante posto da Dio e, umanamente parlando, esso viene posto da Dio in modo nuovo in ogni momento. La distinzione fra un'azione diretta di Dio e una indiretta è perciò caduca e siccome il concetto di miracolo in senso cosmologico si fonda su una tale distinzione anch'esso risulta superato[9].

---

[9] Che con ciò l'idea di miracolo non venga eliminata, ma che si conservi un concetto di miracolo anche fuori dell'ambito cosmologico,

Contro il miracolo come prova dell'assolutezza del cristianesimo si sollevano gravi dubbi non soltanto da un punto di vista filosofico, ma anche storico. Essi sono stati fatti valere soprattutto da Ernst Troeltsch. La storia moderna ha secondo lui abbattuto il muro divisorio del miracolo (esterno e interno) che quella teoria aveva alzato: «Anche se si potesse ammettere il miracolo, è in ogni caso impossibile per la storia credere ai miracoli cristiani e negare quelli non-cristiani e anche se si trovasse nelle forze etiche della vita interiore qualcosa di soprannaturale, non c'è nessun mezzo per pensare l'elevazione della sensibilità del cristiano come soprannaturale e quella di Platone ed Epitteto come naturale. Ma con ciò si rivela caduco ogni mezzo che isoli il cristianesimo dal resto della storia e che, proprio attraverso questo isolamento e il suo rispettivo contrassegno formale, lo determini come norma assoluta»[10]. In questo modo, l'apologetica che separa l'evento sacro da quello profano e distingue una «causalità feriale» non-cristiana da una «causalità festiva» cristiana più respira l'aria della storia moderna e più fatica fa a respirare[11].

Si deve accennare ancora a un terzo elemento. L'apologetica tradizionale designa il miracolo e le profezie come criteri esterni della rivelazione divina. Di fronte a essi stanno i criteri interni che riposano sul contenuto della rivelazione, sulla loro sapienza e santità soprannaturali e che sono ritenuti dagli apologeti moderni superiori a quelli esterni. Afferma in termini eloquenti Herman Schell: «Una religione dà prova di sé come rivelazione dall'alto alla stessa maniera con cui il contenuto di una sensazione dà prova di sé a parti-

---

ho tentato di mostrarlo altrove (cfr. il mio libro *Die Werte des Heiligen*, Pustet, Regensburg 1951[2], p. 115).

[10] Ernst Troeltsch, *Die Absolutheit des Christentums und die Religionsgeschichte*, cit., p. 5 [tr. it. p. 41].

[11] *Ivi*, pp. 12 e 23.

re da una realtà che sussiste indipendentemente da noi. Ciò che afferra da tutti i lati e in modo potente l'umanità e il suo sviluppo, ciò che sfida la sua attività spirituale in ogni direzione, ciò che si oppone in più modi alle correnti esistenti, ma che anche appartiene in perfetta fermezza a un contesto chiuso da tutti i lati, ciò che in aggiunta agisce nello spirito umano come una forza vitale che rinnova, che innalza, che illumina, che feconda, che redime e che perfeziona, ebbene tutto ciò non può essere il prodotto di una rappresentazione concettuale dell'uomo, seppur sviluppata. La rivelazione dà prova di sé alla stessa maniera di un messaggero che viene da un mondo superiore e irrompe nell'umanità con la pretesa e la forza di una nuova causalità»[12]. Queste affermazioni mostrano chiaramente che per Schell il criterio veramente decisivo per la divinità della rivelazione si trova nel suo elevato contenuto ideale che feconda continuamente la vita spirituale umana e rinnova interiormente l'umanità. Con ciò si ammette, però, che la prova derivata dal miracolo in quanto tale non è sufficiente, ma acquista significato soltanto in unione con i criteri interni e in seconda battuta rispetto a essi. Ciò costituisce senza dubbio una forte limitazione dell'argomento che fa leva sul miracolo.

### b) La teoria dell'assolutezza di Hegel

L'apologetica evoluzionistica cerca di assicurare razionalmente l'assolutezza del cristianesimo in modo completamente diverso da quella soprannaturalistica. Essa prescinde del tutto dall'aspetto reale del cristianesimo, dalla sua genesi storica, e fa leva esclusivamente sull'aspetto ideale, cercando di mostrare che l'idea della religione ha trovato in quella cristiana la

---

[12] Herman Schell, *Religion und Offenbarung*, Schöningh, Paderborn 1902, pp. 255 ss.

sua realizzazione e l'essenza della religione il suo compimento definitivo. L'apologetica hegeliana si pone così sul terreno della storia universale dello spirito e delle religioni. Inserendo il cristianesimo nel contesto della storia delle religioni, lo pone sulla stessa linea delle altre religioni e cerca di acquisire, mediante un procedimento comparativo, il concetto generale della religione. La realizzazione di un simile concetto le appare come il fine del processo storico che nel cristianesimo vede definitivamente raggiunto. Mentre nelle altre religioni abbiamo a che fare con forme più o meno velate del concetto della religione, è nel cristianesimo che l'idea della religione è pervenuta alla sua piena purezza e chiarezza.

«Si può dire – afferma Hegel nella sua *Filosofia della religione* – di tutte le religioni che esse siano religioni e corrispondano al concetto della religione. Ma nello stesso tempo, in quanto ancora limitate, si può dire che non vi corrispondano, per quanto certamente debbano contenerlo, poiché altrimenti non sarebbero religioni. Il concetto è dunque presente in esse in modi diversi. Dapprima esse lo contengono soltanto in sé. Le religioni determinate sono momenti del concetto e perciò non gli corrispondono, poiché non è realmente in loro [...]. La forma più alta che viene raggiunta e può essere raggiunta è quella in cui la determinatezza del concetto è il concetto stesso, ovvero dove il limite è superato e la coscienza religiosa non è distinta dal concetto – questa è l'Idea, il concetto pienamente realizzato»[13]. Nel cristianesimo ci troviamo di fronte a questo concetto e sebbene sia una parte della storia delle religioni, come le altre, il cristianesimo assume fra esse una posizione particolare poiché in esso lo sviluppo religioso dell'umanità ha raggiunto il suo culmine assoluto.

[13] *Religionsphilosphie*, hrsg. von Arthur Drews, Eugen Diederichs, Jena-Leipzig 1905, pp. 156 ss.

Questi sono i concetti fondamentali dell'apologetica evoluzionistica. I suoi pregi sono eloquentemente descritti da Troeltsch: «Essa esercita sempre una forte attrazione su ogni uomo religioso con l'ampiezza e la profondità del suo sguardo, con la potenza della sua visione d'insieme, con l'energia pura che consuma tutti i veli e le forme nel fuoco del pensiero, con la fede religiosa nel senso e nell'unità dell'agire divino nel mondo, fede che – in mezzo a ogni intrico caotico e oltre esso – vale a far trovare orientamento nel pensiero divino, uno ed eterno. E per quanto possa riuscire difficile a tale apologetica trasformare l'intera massa dell'accadere umano nel trasparente cristallo attraverso cui splendono le forze dell'idea in atto, tuttavia sembra questa l'unica strada, dal momento che l'altra è diventata impraticabile e se mai ve ne dovesse essere una. Se il tentativo di isolare il cristianesimo come verità fondata in modo diverso da ogni altra, di ricondurne l'unicità eccezionale a una speciale causalità cristiana risulta vano, allora la via più sicura per raggiungere lo scopo deve esser data dall'idea che tutte le religioni hanno un elemento costitutivo comune e che questo si realizza totalmente nel cristianesimo»[14].

Solo che nella realtà anche questa teoria non è in grado di raggiungere il suo scopo. La sua insufficienza risulta già da un esame dei suoi fondamenti di filosofia della religione. La filosofia della religione di Hegel ha la sua caratteristica peculiare nel risolvere la religione in filosofia. Lo spirito assoluto si manifesta a livello religioso nella forma della rappresentazione: «Esso stesso in generale e i momenti che in lui si distinguono cadono nella rappresentazione e nella forma dell'oggettività»[15]. Ora, questo avviene nella sfera del sapere

---

[14] Ernst Troeltsch, *Die Absolutheit des Christentums und die Religionsgeschichte*, cit., p. 16 [tr. it. pp. 53-54].

[15] Georg Wilhelm Friedrich Hegel, *Phänomenologie des Geistes*, hrsg. von Georg Lasson, 2 Aufl., Felix Meiner Verlag, Leipzig 1921, p. 507

assoluto o della filosofia. Qui lo spirito assoluto non si riconosce più nella forma della rappresentazione, ma in quella adeguata del concetto: «Quest'ultima figura dello spirito, lo spirito che al suo perfetto e vero contenuto dà in pari tempo la forma del Sé e che per questa via tanto realizza il concetto, quanto resta, in questa realizzazione, nel suo concetto, è il sapere assoluto; il sapere assoluto è lo spirito che si sa in figura spirituale, ovvero è il sapere concettuale. Non solo in sé la verità è perfettamente uguale alla certezza, ma ha anche la figura della certezza di se stesso, ossia è nel suo proprio esserci, vale a dire è, per lo spirito giunto al sapere, nella forma del saper di se stesso. La verità è il contenuto che nella religione è ancora diseguale alla sua certezza. Ma questa eguaglianza si istituisce ove il contenuto abbia raggiunto la figura del Sé. Così quella che è l'essenza medesima, cioè il concetto, si è fatta elemento dell'esserci o forma dell'oggettività per la coscienza. Lo spirito, apparente alla coscienza in tale elemento, ed è qui lo stesso, da essa in tale elemento prodotto, è la scienza»[16], ovvero principalmente la filosofia.

Religione e filosofia sono dunque identiche riguardo al contenuto e diverse soltanto per la forma. Entrambe hanno per contenuto lo spirito assoluto, ma mentre la religione lo intuisce nella forma della rappresentazione, la filosofia lo concepisce nella forma adeguata del puro concetto: «La religione, afferma Hegel, è la modalità della coscienza in cui la verità è per tutti gli uomini, cioè per gli uomini di qualsiasi livello di cultura; la conoscenza scientifica della verità, invece, è una modalità particolare della coscienza degli uomini, e non tutti, ma solo pochi sono disposti ad addossarsi la fatica che essa comporta. *Il contenuto è lo stesso*, ma, così

[tr. it. *Fenomenologia dello spirito*, vol. II, La Nuova Italia, Firenze 1973, p. 287].
[16]  *Ivi*, pp. 513 ss. [tr. it. pp. 295-296].

come Omero dice che alcune cose hanno due nomi – l'uno nel linguaggio degli dèi, l'altro nel linguaggio degli uomini ordinari –, allo stesso modo ci sono due linguaggi per quel contenuto: l'uno è il linguaggio del sentimento, della rappresentazione e del pensiero intellettivo la cui dimora è nelle categorie finite e nelle astrazioni unilaterali; l'altro è il linguaggio del concetto concreto»[17].

Se vi è qualcosa di superato nella odierna filosofia della religione è proprio questa riduzione della religione a filosofia. Le ricerche di psicologia e di fenomenologia della religione hanno mostrato che il fenomeno religioso è *sui generis* e *toto coelo* diverso da tutta la filosofia. Con ragione afferma Max Scheler: «Nulla oggi, cioè in un momento in cui prese di posizione riguardo alla religione si confrontano fra di loro, è forse più unanimemente e con certezza ammesso da coloro che con la religione s'impegnano seriamente del fatto che la religione ha nello spirito dell'uomo un'origine che è diversa in modo essenziale dalla filosofia e dalla metafisica e che i fondatori della religione – i grandi *homines religiosi* – sono stati tipi umani completamente diversi dai metafisici e dai filosofi»[18].

Ma non soltanto il fondamento della teoria hegeliana provoca la critica, essa stessa, anzi, la sollecita. Il suo difetto principale è stato messo in rilievo con grande acutezza da Troeltsch. Anzitutto, egli dimostra l'impossibilità di erigere un concetto di religione che contenga al tempo stesso il concetto universale dei fenomeni di fondo tipici della re-

---

[17] Georg Wilhelm Friedrich Hegel, *Enzyklopädie der philosophischen Wissenschaften*, hrsg. von Georg Lasson, 2 Aufl., Felix Meiner Verlag, Leipzig 1920, pp. 14 ss. [tr. it. *Enciclopedia delle scienze filosofiche*, Rusconi, Milano 1996, p. 57].

[18] Max Scheler, *Vom Ewigen im Menschen*, Neue Geist, Leipzig 1921, p. 327 [tr. it. *L'eterno nell'uomo*, Fabbri Editori, Milano 1970, p. 130].

ligione e il concetto normativo della verità religiosa. Essi sono qualcosa di completamente diverso e non vi è collegamento possibile fra l'uno e l'altro. Perciò non è ammissibile «elevare senz'altro il concetto universale a concetto normativo o, al contrario, fondare il concetto normativo a partire dal fatto che esso vale nello stesso tempo come concetto universale»[19]. Ancor peggio stanno le cose, secondo Troeltsch, con la dimostrazione della realizzazione assoluta del concetto universale di religione nel corso dello sviluppo storico. O si sottolinea l'aspetto causale del concetto generale, ma allora la sua realizzazione è contenuta soltanto nel complesso delle religioni storiche e non in una singola, visto che, secondo la parola di Strauss, l'idea non ama riversare l'intera sua pienezza in un unico esemplare. Oppure si concepisce il concetto in modo più teleologico, ma allora la sua piena realizzazione non c'è da aspettarsela che immediatamente prima della fine della storia[20].

La costruzione del cristianesimo come religione assoluta naufraga perciò anche sulla realtà storica. Infatti, «mai il cristianesimo si presenta come la religione assoluta, libera dal condizionamento storico del momento e da una caratterizzazione del tutto individualizzata; mai come la realizzazione incondizionata, esaustiva e immutabile di un concetto universale di religione»[21]. Tanto più la storia non può fare a meno del concetto di evoluzione, che forma uno dei suoi più sicuri strumenti e uno dei suoi presupposti fondamentali, quanto più essa deve rinunciare al concetto di sviluppo nel senso dell'evoluzionismo speculativo. Quest'ultimo concepisce la vita complessiva dell'umanità come una serie evolutiva in cui

---

[19] Ernst Troeltsch, *Die Absolutheit des Christentums und die Religionsgeschichte*, cit., p. 31 [tr. it. p. 68].

[20] Cfr. *ivi*, pp. 31 ss. [tr. it. p. 68].

[21] *Ivi*, p. 35 [tr. it. p. 71].

il fine spirituale è al tempo stesso la causa originaria che produce gli atti dello spirito secondo una sequenza necessaria dal punto di vista logico che è indirizzata al fine stesso. Da una simile identità fra causalità e finalità esso astrae quindi le leggi che gli consentono di calcolare con logica necessità il grado evolutivo di ogni singola apparizione storica a partire dalla sequenza dello sviluppo causale[22].

Una tale dottrina sta però in stridente contraddizione con la storia reale. Questa non considera la vita spirituale come un susseguirsi causalmente necessario di atti identici, ma fa scaturire i più elevati contenuti spirituali a partire da posizioni indeducibili. Proprio le produzioni individuali più significative e decisive si radicano in superiori forze autonome che non possono essere inserite in un decorso prevedibile. Per questo, ogni costruzione puramente logica delle tappe dello sviluppo storico non è altro che una violenza dottrinaria alla storia reale[23].

c) La teoria dell'assolutezza della teologia dialettica

Questa recente teoria che è stata proposta da Barth, Brunner, Witte e da altri ha la sua peculiarità nel restringimento della rivelazione alla Bibbia. Per essa Dio ha parlato all'umanità soltanto nella Bibbia, che è parola di Dio, e al di fuori della quale non vi è alcuna rivelazione. Il mondo pagano è immerso nella notte e nell'oscurità: «Tutte le religioni umane, eccetto il cristianesimo, sono errore e smarrimento, colpa e corruzione, e soltanto l'annunzio del Cristo è verità e salvezza»[24]. Ciò è detto nel senso di Lutero, il quale, secondo

---

[22] Cfr. *ivi*, p. 37 [tr. it. p. 74].
[23] Cfr. *ivi*, p. 39 [tr. it. p. 75].
[24] Johannes Witte, *Die Christusbotschaft und die Religionen*, Vandenhoeck & Ruprecht Verlag, Göttingen 1936, p. 75.

la dottrina che gli è propria, dovette negare la possibilità di una religiosità naturale e con ciò pronunciare il più aspro verdetto contro le religioni non cristiane. Si ricordi soltanto una sua espressione: «Non vi è alcuna dottrina che abbia valore di salvezza al di fuori del Vangelo; tutto è notte e oscurità». In questo modo viene statuito un duro soprannaturalismo che serve a fondare l'assolutezza del cristianesimo. Quest'ultimo è la sola religione valida, perché la sola rivelata.

La teoria dell'assolutezza dialettica ha evidentemente dei punti di contatto con quella che risale alla scolastica, per quanto certamente se ne discosti su due punti essenziali. Mentre la teologia antica rappresenta un soprannaturalismo dal tratto universalistico, poiché tiene fermo che il Logos, «il quale viene nel mondo e illumina ogni uomo» (Gv 1, 9), ha proiettato i suoi raggi anche nel mondo pagano, la teoria dialettica rappresenta un soprannaturalismo esclusivo. Quanto ciò sia vero lo dimostra un passo del sopracitato libro di Witte: «Il messaggio del Cristo non può in alcun modo riconoscere le altre religioni del mondo come gradi preliminari e come preparazione del proprio annuncio. Esiste soltanto un grado preliminare e una preparazione al messaggio di Cristo, ed essi consistono nel fatto che Dio parla attraverso i profeti dell'Antico Testamento. Soltanto qui, nell'Antico e Nuovo Testamento, Dio ha parlato. In tutte le altre religioni Dio non parla agli uomini, ma uomini che sbagliano dicono cose sbagliate su questioni religiose»[25]. Questa teoria recente si discosta da quella più antica per il fatto di rinunciare a qualsiasi prova razionale della rivelazione divina. La parola di Dio, così essa insegna, vuole essere accettata nella fede e questa non ha bisogno di garanzie esterne. Anzi, queste contraddicono perfino alla sua essenza, visto che la fede è essenzialmente de-

[25] *Ivi*, p. 34.

cisione e rischio. Ogni fondazione razionale della fede significa perciò un disconoscimento del suo carattere irrazionale (in rapporto all'atto di fede) e sovrarazionale (in rapporto al contenuto di fede).

Il valore della teoria dell'assolutezza della teologia dialettica consiste nella chiarezza con cui è messo in rilievo il carattere di rivelazione della religione cristiana. Essa costituisce un atto di accusa contro ogni relativismo, storicismo e psicologismo, e tuttavia i seguaci di questa teoria, lottando contro queste forme di pensiero che mettono in pericolo la sostanza religiosa del cristianesimo, sono caduti nell'estremo di un soprannaturalismo esclusivo. Contro di esso si sollevano gravi dubbi sia dal punto di vista religioso che da quello della filosofia della religione e della storia della religione.

La coscienza religiosa solleva un'obiezione verso la rappresentazione di Dio che funge da latente premessa di questa teoria e che non è per nulla genuinamente religiosa, e in ogni caso nient'affatto cristiana.

Afferma Friedrich Heiler con giustificata enfasi: «Se si volesse restringere la possibilità di salvezza del cristianesimo alla rivelazione vetero e neo-testamentaria, allora si dovrebbe assegnare gran parte dell'umanità all'inferno. Ma un Dio che limitasse il segreto del suo amore redentivo a una piccolissima frazione dell'umanità da lui creata e lasciasse la stragrande maggioranza "nelle tenebre e all'ombra della morte" non sarebbe il Dio annunciato dal Vangelo, il padre di Gesù Cristo, di cui l'apostolo dice che "Dio è amore". Sarebbe invece un dittatore crudele e arbitrario, un satana, e una dottrina simile si guadagnerebbe i nomi odiosi che le hanno dato i più grandi fra i nemici del cristianesimo nella filosofia moderna; di fatto non sarebbe una religione dell'amore, ma una "metafisica del boia" (Nietzsche), non un monoteismo ma un "monosatanismo" (Eduard von Hartmann). Una tale concezione contraddice molte chiare parole della Scrittura, e della migliore tradizione teologica dell'antichità cristiana, medioevale e moderna»[26].

Ma il soprannaturalismo esclusivistico deve essere rifiutato anche dal punto di vista della filosofia della religione. Dove si trova una religione autentica, lì si trova anche una rivelazione (in senso lato). Il nocciolo della religione è l'esperienza religiosa o l'esperienza religiosa del valore. Come indicano le espressioni «esperienza» (*Erfahrung*) o «esperienza vissuta» (*Erlebnis*), si tratta di un'attitudine spirituale passiva e recettiva. Nell'esperienza religiosa, infatti, il valore religioso nella sua oggettività, il sacro o il divino, ci viene alla coscienza. Ci rendiamo conto di esso, e da esso veniamo interiormente toccati e mossi, afferrati e saturati. Questo significa, però, che il sacro in qualche modo si comunica. Ogni esperienza del divino è, al suo livello più profondo, esperienza per mezzo del divino. Ciò che dal punto di vista umano appare come esperienza religiosa si presenta dal punto di vista divino come una rivelazione divina. A ragione Steinmann afferma che c'è una rivelazione di Dio nella vita personale e che Dio non ha parlato soltanto una volta, ma parla continuamente e che la sua attività rivelante è un agire eternamente vivente: «Questo convincimento cristiano ha trovato espressione fin dall'antichità nella dottrina dello Spirito Santo e dei suoi perpetui effetti nell'interiorità umana. Dove quell'esperienza interiore della religione diviene un possesso personale vivente, allora ha luogo sempre e comunque una misteriosa comunicazione di Dio»[27]. Se è così, allora una rivelazione al di fuori del cristianesimo non può essere negata. Se si parla di una religione al di fuori del cristianesimo, allora *implicite* si parla di una rivelazione fuori del cristianesimo.

---

[26] Friedrich Heiler, *Die Frage der «Absolutheit» des Christentum im Lichte der Religionsgeschichte*, in «Eine heilige Kirche» 20 (1938), p. 326.

[27] Theofil Steinmann, *Die geistige Offenbarung Gottes in der geschichtlichen Person Jesu*, Vandenhoeck & Ruprecht, Göttingen 1903, p. 86.

L'accettazione della religione al di fuori del cristianesimo, che nello stesso momento nega che vi sia una rivelazione, si fonda su un disconoscimento dell'essenza dell'esperienza religiosa o dell'esperienza vissuta del valore religioso.

Evidentissima è poi la contraddizione in cui il soprannaturalismo estremo viene a trovarsi di fronte alle conoscenze della moderna storia delle religioni. L'immagine della condizione delle religioni non-cristiane che questa ricerca ha elaborato si volge contro la teoria della teologia dialettica. Nessuna sorpresa, dunque, se essa viene decisamente rifiutata proprio dai maggiori storici della religione. Il precursore di questi, Max Müller, si volge con forte sentore contro questo modo di trattare la storia delle religioni che dipinge a tinte fosche le religioni non-cristiane, che vede in esse soltanto una deviazione e in questo modo scioglie completamente il cristianesimo dal legame con la storia umana: «Nessun giudice, egli afferma, nemmeno trovandosi di fronte al peggiore dei criminali, lo tratta così come la maggior parte degli storici e dei teologi hanno trattato le religioni del mondo. Ci si accanisce e si giudica senza compassione qualsiasi atto della vita dei loro fondatori che dimostra il loro essere soltanto uomini; si interpreta nel peggiore senso possibile qualsiasi dottrina la cui formulazione non è abbastanza prudente da impedire ciò; si deride e si schernisce qualsiasi azione liturgica che si discosta dal nostro modo di adorare Dio. E questo non avviene casualmente, ma intenzionalmente, con un sentimento del dovere creato artificialmente, simile a quello di un avvocato che vede nel proprio cliente un angelo e in quello dell'avvocato rivale il suo contrario. La conseguenza è stata ovviamente un completo pervertimento della giustizia, un totale disconoscimento del carattere reale e dello scopo reale delle religioni antiche e il risultato inevitabile un completo fallimento nell'individuare ciò che in verità distingue il cristianesimo da tutte le altre religioni e ciò che assicura al suo fondatore quel particolare posto nella storia universale che è diverso da quello di Zarathustra e Buddha, di Mosè e Maometto, di Confucio e Lao-Tse. Nel momento in cui svalutiamo in modo così maldestro tutte le altre religioni, abbiamo riservato alla nostra religione un posto che il suo fondatore non si era mai sognato di riservare; l'abbiamo sciolta dal sacro legame con la storia universale; abbiamo ignorato o intenzionalmente svalutato il significato dei vari tempi e dei vari modi nei quali Dio ha parlato in passato ai Padri per mezzo dei profeti; e invece di guardare al cristianesimo come alla pienezza dei tempi e al compimento delle speranze e dei desideri del mondo intero ci siamo abituati a considerare la sua apparizione come l'unico anello esterno a quella catena per il resto ininterrotta che, a ragione, è chiamata provvidenza divina. Ancor peggio, c'è gente che per pura ignoranza delle religioni antiche professa una dottrina che è talmente anticristiana da non trovarsi nemmeno nei libri religiosi dell'antichità, e cioè la dottrina per la quale prima dell'avvento del cristianesimo tutti i popoli della terra non sarebbero stati che dei reietti abbandonati e dimenticati dal Padre che è nei cieli, privi della conoscenza di Dio e senza speranza nell'aldilà. Se uno studio comparativo delle religioni del mondo desse l'unico risultato di bandire dal cuore di ogni cristiano questa eresia atea e ci facesse conoscere di nuovo nell'intera storia del mondo l'eterna saggezza e l'eterno amore di Dio per tutte le sue creature, esso avrebbe fatto un buon lavoro»[28].

Come Müller, così anche Nathan Söderblom, sulla base dei suoi studi di storia delle religioni, si dichiara a favore dell'idea di una rivelazione generale. La fede cristiana, così egli sottolinea, non esclude in alcun modo una rivelazione

---

[28] Max Müller, *Leben und Religion*, Kielmann, Stuttgart [s.d.], pp. 168-170.

generale di Dio nell'umanità prima e accanto al cristianesimo. Lo dimostra l'atteggiamento dell'apostolo Paolo: «Nessuno degli apostoli ha rappresentato l'unicità e l'assolutezza della missione di Cristo e della fede cristiana in modo più chiaro o impressionante di Paolo, ma egli è anche pienamente cosciente della rivelazione generale di Dio»[29]. La sua intuizione corrisponde anche pienamente ai fatti: «L'immagine reale della storia delle religioni concorda con le parole di Paolo su una rivelazione universale all'interno della quale possiamo distinguere una rivelazione particolare»[30]. Söderblom, in uno dei suoi scritti, ha cercato di fondare la tesi per la quale accanto alla *revelatio specialis* esiste una *revelatio generalis*[31]. Secondo la sua profonda convinzione questa distinzione deve subentrare al posto della vecchia distinzione fra religione naturale e religione rivelata. Essa gli appare come una «ovvia riproposizione, raggiunta attraverso nuovi risultati della ricerca, del vecchio principio dottrinale *de revelatione naturali*, oramai da lungo tempo divenuto insignificante»[32].

Assieme a Söderblom, anche Heiler esige per la fede cristiana un concetto universalistico di rivelazione: «Il cristianesimo può essere la rivelazione assoluta soltanto se c'è una rivelazione relativa; può essere il culmine se ci sono gradi e vie che a esso conducono; può essere la corona e il criterio di tutte le altre rivelazioni soltanto se c'è qualcosa che può essere incoronato e valutato; può essere un Natale soltanto se vi è un avvento. In riferimento alla storia del "popolo di Dio" d'Israele questo concetto della preparazione è qualcosa

[29] Nathan Söderblom, *Der lebendige Gott im Zeugnis der Religionsgeschichte*, Reinhardt, München 1942, p. 307.

[30] *Ivi*, p. 31.

[31] Cfr. Nathan Söderblom, *Natürliche Theologie und allgemeine Religionsgeschichte*, Boner - Hinrich, Stockholm 1913.

[32] *Ivi*, p. 107.

di ovvio per la teologia cristiana. La rivelazione preparatoria è un'anticipazione incompiuta della rivelazione compiuta, il popolo di Dio il seme della Chiesa di Cristo, il culto del tempio il modello del sacrificio di croce di Cristo e della sua presentazione nell'eucarestia, la profezia l'annunzio del giudizio e della gloria messianici. Questo riconoscimento di una rivelazione divina provvisoria nell'antico Patto fu esteso con la teologia alessandrina al paganesimo e cioè non soltanto alla filosofia greca, ma a tutte le religioni, in particolare alle religioni superiori dell'Oriente. Tutte fanno parte della "scuola preparatoria di Cristo" in senso lato, sono maestre in riferimento a Cristo e lo sono in misura maggiore rispetto alla filosofia e alla poesia greche, perché in esse, soprattutto nell'induismo e nel buddhismo mahayana, sono presenti, in modo incomparabilmente più chiaro rispetto alla saggezza greca, le verità salvifiche del Nuovo Testamento, l'amore di Dio, la grazia, l'incarnazione e la sofferenza vicaria»[33].

L'idea che raggi del Logos si trovino anche nel mondo pagano è da sempre tenuta in grande considerazione dalla teologia cattolica. La sua visione e il suo apprezzamento delle religioni non cristiane è stata da sempre orientata alla dottrina del *Lógos spermatikós* di Giustino, secondo la quale i semi del Logos apparso nella sua pienezza nel cristianesimo si trovano pure nel paganesimo. Ma anche nella teologia protestante questa concezione sembra affermarsi sempre di più. Sotto la pressione di dati di fatto storico-religiosi, gli spiriti scientificamente orientati si distolgono in misura crescente dalle posizioni di Lutero. Significativa a questo proposito è la vigorosa protesta che Wilhelm Bousset, nel suo bel lavoro *Das Wesen der Religion, dargestellt an ihrer Geschichte*,

---

[33] Friedrich Heiler, *Die Frage der «Absolutheit» des Christentum im Lichte der Religionsgeschichte*, cit., p. 324.

solleva contro «l'opinione diffusissima» che soltanto il cristianesimo sia la religione vera e le altre siano false o che soltanto la religione dell'Antico e del Nuovo Testamento sia rivelata e le altre siano soltanto religione naturale, ovvero fantasie e pensieri umani senza garanzia di verità e di certezza. Di fronte a ciò occorre considerare l'intera storia della vita religiosa dell'uomo «come una grande opera di Dio, un ininterrotto e costante dialogo fra Dio e l'uomo, a qualsiasi livello lo si comprenda. Tuttavia, la religione dell'Antico e del Nuovo Testamento rappresenta, come abbiamo visto, la linea, la forma più pura della religione e il Vangelo, per poco che diciamo, il suo sviluppo più alto e compiuto. Ma con tutto ciò il cristianesimo non è la religione assoluta, l'unica religione; esso è piuttosto la specie più evoluta del genere»[34].

Una chiara dimostrazione dell'allontanamento della teologia protestante moderna dal verdetto di Lutero sulle religioni non cristiane è costituita anche dalle significative considerazioni di Horst Stephan sulla «posizione della fede di fronte alla storia della religione». Il dogmatico protestante si volge qui contro quella concezione secondo la quale l'accettazione della rivelazione nella devozione non cristiana costituisce un pericolo per l'assolutezza del cristianesimo. Richiamandosi a Paolo «che, in quanto ebreo e cristiano, non può pensare il contenuto di verità della religione senza rivelazione», e che perciò «deve affermare nel monoteismo etico della cultura tardo-antica qualcosa della rivelazione», egli sottolinea: «Nel momento in cui riconduciamo la nostra devozione alla rivelazione di Dio che si impossessa di noi, siamo costretti a supporre la rivelazione in tutti quei casi in cui una vera religione si impone alla nostra attenzione. E siamo

[34] Wilhelm Bousset, *Das Wesen der Religion*, JCB Mohr [Paul Siebeck], Tübingen 1920[4], p. 7.

costretti a farlo anche a proposito di quei luoghi della storia delle religioni che Paolo considerava come negativi o che, in genere, non poteva considerare. Può capitarci di sperimentare immediatamente in determinati punti della storia delle religioni quella forza alla quale sappiamo di essere completamente soggetti e alla quale possiamo abbandonarci senza resistenze; oppure può capitarci di sperimentarla almeno in modo mediato, per come ad altri è stata donata. Ma se le cose stanno così, ci è lecito non parlare di rivelazione?»[35].

Il concetto di assolutezza – così Stephan riassume il risultato della sua ricerca – non può in nessun caso essere inteso in senso esclusivo per la rivelazione cristiana: «Dobbiamo piuttosto comprenderlo in tutta chiarezza come inclusivo. Non per venire incontro alla scienza che con i suoi criteri di validità generale può a mala pena stabilire una contrapposizione essenziale tra la pretesa di assolutezza della rivelazione cristiana e quella delle religioni non cristiane. Piuttosto è la fede stessa che nel momento in cui impara a conoscere le altre religioni vede in esse qualcosa del proprio possesso della rivelazione, possesso che è il compimento di ogni altro. Essa vede il proprio possesso come il punto culminante delle altre religioni intese come una serie di gradi preliminari di una rivelazione di Dio estesa a tutto il mondo ma differenziata, e nel momento in cui arricchisce in questo modo il suo concetto di rivelazione fa crescere anche la propria idea di Dio, non in profondità, ma in estensione. La storia delle religioni non è in sé, come si è ritenuto, storia della rivelazione, ma include la storia della rivelazione e la fede imparerà sempre più il compito importante di cogliere nella storia delle religioni la storia della rivelazione che la

---

[35] Horst Stephan, *Die Stellung des Glaubens zur Religionsgeschichte*, in «Zeitschrift für Theologie und Kirche» 27 (1917), pp. 286 ss.

governa e con ciò accrescere se stessa. Soltanto attraverso una concezione inclusiva della propria assolutezza, il cristianesimo diventa la religione storica compiuta e, come già Schleiermacher aveva detto nei *Discorsi*, la potenza di tutte le religioni»[36].

### 3. *Il problema della valutazione delle religioni*

L'analisi critica delle diverse teorie dell'assolutezza rappresenta una conferma della nostra tesi che ritiene indimostrabile un giudizio assoluto sul valore del cristianesimo. Ora, ci si domanda se si debba dire lo stesso a proposito di un giudizio di valore relativo. In sé è certamente pensabile che non si dia dimostrazione della superiorità del cristianesimo rispetto a tutte le religioni possibili, ma che si dia invece rispetto a tutte quelle che di fatto esistono. Una tale dimostrazione consisterebbe nel mostrare, attraverso una valutazione comparativa delle religioni storiche, il valore superiore del cristianesimo in modo universalmente valido. Alla domanda se ciò sia possibile, può rispondere soltanto una ricerca sul problema della valutazione delle religioni.

Che questo problema sia molto serio e grave lo dimostra il fatto che ci sono filosofi della religione e teologi personalmente convinti della superiorità del cristianesimo, ma scettici sulla possibilità di dimostrare questa superiorità in modo universalmente valido, perché sono dell'avviso che non si dia una valutazione comparativa delle religioni di natura oggettiva. Questo punto di vista è rappresentato, per esempio, da Heinrich Scholz. Nella sua, per molti versi eccellente, *Filosofia della religione*, egli considera il panteismo (religioso), la mistica e il cristianesimo come le grandi forme vitali della religione «ponderabile». «Bisogna rimanere

---

[36] *Ivi*, pp. 289 ss.

in questa coesistenza», egli si domanda, «o esiste un principio che ci consente di stabilire una gerarchia? Sappiamo di allontanarci dall'atteggiamento che ci si aspetta dal filosofo nel momento in cui a una tale domanda rispondiamo di no, ma sono i dati di fatto che ci costringono a una risposta di questo genere. Non c'è alcun principio oggettivo che consenta di stabilire una gerarchia fra le religioni»[37]. Le tre religioni, dal punto di vista del valore, sono oggettivamente equivalenti, e per questo il principio della loro gerarchia non sta nell'oggetto, ma soltanto nel soggetto. In altri termini: non c'è alcuna gerarchia oggettiva fra le religioni, ve ne è una soltanto personale nella quale l'uomo deve scegliere la forma vitale di tipo religioso che corrisponde alla sua «concezione della vita»[38].

Non arriva così lontano il teologo protestante Paul Mezger. Egli ritiene che esista un'oggettiva gerarchia fra le religioni, per quanto essa, dal punto di vista del valore, non sia dimostrabile con mezzi scientifici. Una valutazione oggettiva e universalmente valida delle religioni non può esistere perché essa è per forza di cose di natura soggettiva. Il filosofo della religione non può fare altro che ricavare questo metro di giudizio dalla religione che a lui appare come quella più alta[39]. Contro Troeltsch, il quale riteneva che fosse scientificamente fondabile non la superiorità assoluta del cristianesimo rispetto alla altre religioni, ma quella relativa, egli fa valere che «la fondazione della superiorità fattuale è tanto poco un risultato scientifico, quanto lo è la convinzione di fede, ammessa come possibile e addirittura come

---

[37] Heinrich Scholz, *Religionsphilosophie*, Reuther & Reichard, Berlin 1922², p. 209.

[38] *Ivi*, p. 212.

[39] Cfr. Paul Mezger, *Die Absolutheit des Christentums und die Religionsgeschichte*, JCB Mohr [Paul Siebeck], Tübingen 1912, p. 26.

probabile, circa l'insuperabile perfezione del cristianesimo. In entrambi i casi è la convinzione personale che dice l'ultima parola»[40].

Accanto a questi autori ve ne sono altri – e sono la maggioranza – che ritengono possibile una valutazione oggettiva delle religioni. Al primo posto bisogna nominare Troeltsch, avendo egli trattato la questione *ex professo*. Questi è della convinzione che sia possibile una valutazione comparativa delle religioni storiche con validità universale e che il cristianesimo sia la più elevata fra le religioni esistenti. La domanda che egli solleva prima di tutto è quella che riguarda il metro di giudizio per una simile valutazione. La sua risposta è che esso non si dà bell'e pronto all'inizio della valutazione, ma si forma nel corso della valutazione stessa. Il metro di giudizio «non è una teoria religiosa da dedursi da un qualche *a priori*, e nemmeno un concetto generico di ciò che di fatto è comune alle varie religioni. Un punto di partenza prodotto dalla ragione pura oggi non è più accettabile e un concetto generico che si limitasse ad astrarre i caratteri comuni, raccoglierebbe insieme soltanto le caratteristiche inferiori ovunque presenti, ma non quelle autenticamente decisive. Il metro di giudizio può generarsi soltanto dalla libera lotta delle idee fra loro. Esso deve essere sempre di nuovo conquistato e vissuto in modo personale, rivivendo le grandi lotte umane e immedesimandosi, a mo' di ipotesi, nei diversi movimenti che le animano»[41].

Ma se il metro di giudizio si forma nel soggetto che fa ricerca, allora esso ha un carattere personale. «Un simile metro di giudizio è sicuramente una faccenda che riguarda la

[40] *Ivi*, p. 27.
[41] Ernst Troeltsch, *Die Absolutheit des Christentums und die Religionsgeschichte*, cit., p. 65 [tr. it. pp. 102-103].

convinzione personale e alla fine è soggettivo. E non esiste altro metro di giudizio che permetta di decidere, in genere, tra valori storici in contrasto fra loro. Esso è appunto la convinzione etico-religiosa, di natura personale, raggiunta attraverso la comparazione e la valutazione critica. Laddove è venuto meno il dominio ingenuo di un unico tipo spirituale e si è aperta la lotta sul piano speculativo e pratico fra le diverse forze storiche, lì non è possibile una decisione diversa. Essa ha il suo fondamento oggettivo nella comparazione attenta, nella immedesimazione libera da pregiudizi e nella valutazione critica coscienziosa; tuttavia la sua decisione definitiva deriva da un convincimento interiore di tipo soggettivo-personale»[42].

Il metro di giudizio è dunque al tempo stesso soggettivo e oggettivo. Soggettivo nella misura in cui scaturisce dalla convinzione personale del ricercatore, oggettivo nella misura in cui si forma in certo qual modo sull'oggetto, è generato dalla comunanza di vita e dalla partecipazione a valori storici. La soggettività del metro di giudizio non significa perciò che esso sia il prodotto arbitrario di un singolo soggetto. «Pur con tutta la sua soggettività, il metro di giudizio non è affatto casuale, come sarebbe se derivasse dalla semplice generalizzazione del tipo dominante da cui discendiamo, e non è nemmeno l'opinione, soggetta a mille variazioni, di un singolo individuo al quale spetterebbe di costruire e giudicare, di testa propria e ogni volta in modo nuovo, il mondo»[43]. Poiché l'oggetto partecipa in modo essenziale alla formazione del metro di giudizio e poiché, nel contempo, la natura spirituale del ricercatore, nella quale si forma il metro di giudizio, è la stessa di altri ricercatori, a esso appartiene una validità universale, certamente non assoluta, ma relativa.

---

[42] *Ivi*, pp. 66 ss. [tr. it. p. 104].
[43] *Ivi*, p. 67 [tr. it. p. 105].

Rispondendo a un suo critico, Troeltsch ammette che «indubbiamente la costruzione di una scala di valori tra i grandi tipi spirituali della storia è dipendente da giudizi soggettivi e per questo mai pienamente stringente». Tuttavia, una volta ammesso ciò, egli prosegue, «è possibile raggiungere la convinzione, con un'analisi approfondita dell'essenza di questi tipi, circa un giudizio relativamente unitario da parte di uomini che in materia di morale e di religione pensano seriamente, che cioè non scherzano o vogliono essere spiritosi, ma per i quali si tratta veramente di una questione vitale. Si tratta naturalmente di una convinzione che si appoggia su una fede di tipo religioso ed etico e nella quale anche il riconoscimento di criteri di valore supremi è in ultimo fondato nella similarità di principio della natura umana grazie alla quale si affermano»[44].

Troeltsch, dunque, confida nella possibilità di una comparazione valutativa fra le religioni di tipo scientifico e con la pretesa di essere universalmente valida. Egli perciò sottolinea il ruolo della soggettività nella formazione del criterio di valore, pur non rinunciando a parlare di un procedimento scientifico[45]. Dello stesso avviso è anche Karl Oesterreich. Secondo lui già la diversità delle condizioni spirituali della religione si riflette sulla differenza di rango delle religioni e permette di parlare di religioni superiori e di religioni inferiori[46]. In modo assai deciso Gustav Mensching sottolinea che una valutazione delle religioni «è certamente possibile,

---

[44] Ernst Troeltsch, *Zur religiösen Lage. Religionsphilosophie und Ethik*, JCB Mohr [Paul Siebeck], Tübingen 1922, pp. 745 ss.

[45] Non si può fare a meno di notare una certa mancanza di equilibrio nelle considerazioni di Troeltsch, nelle quali egli vorrebbe giustificare entrambi i punti di vista, quello oggettivo e quello soggettivo.

[46] Karl Traugott Konstantin Oesterreich, *Die religiöse Erfahrung als philosophisches Problem*, Reuther & Reichard, Berlin 1915, p. 40.

anche senza che *a priori* venga applicata la propria religione come metro di misura esclusivo»[47]. La stessa prospettiva è rappresentata dal teologo cattolico Otto Karrer, secondo il quale una comparazione scientifica dei valori religiosi, di quelli cristiani qui, di quelli non-cristiani là, può dimostrare un grado di valore superiore o supremo del cristianesimo[48].

In contrapposizione con i primi e in accordo con gli ultimi, noi difendiamo la tesi che è possibile una valutazione oggettiva delle religioni. Riassumiamo in tre punti ciò che portiamo a motivazione di questa tesi:

1. Che non tutte le forme religiose che incontriamo nella storia delle religioni siano di uguale valore, che ci siano delle differenze di rango, è incontestabile. Non c'è mai stato uno studioso di religione che non abbia parlato di religioni superiori e di religioni inferiori. La religione dei primitivi, in cui la divinità viene ancora rappresentata in modo totalmente naturalistico e nella quale anche l'atteggiamento dell'uomo ha un carattere fortemente naturalistico, è determinata da motivi egoistici e per questo rappresenta evidentemente una forma inferiore di religione in paragone alla religione della legge che applica alla divinità concetti di tipo spirituale ed etico e imposta un rapporto con essa in questo senso.

La religione della legge, d'altra parte, ha innegabilmente un valore inferiore rispetto a quella forma religiosa che chiamiamo religione della grazia o della redenzione. Soltanto in essa viene sperimentato e concepito il sacro come valore. Qui l'esperienza vissuta del valore religioso si distingue da quella morale, la divinità appare come grandezza sovramorale, numinosa e qualsiasi moralismo viene superato. Il rap-

---

[47] Gustav Mensching, *Vergleichende Religionswissenschaft*, Quelle & Meyer, Leipzig 1938, p. 129.

[48] Otto Karrer, *Das Religiöse in der Menschheit und das Christentum*, Herder, Freiburg 1934, p. 174.

porto con la divinità non si basa su prestazioni umane, ma è fondato sull'elezione e sulla benedizione divine. Non la legge, ma la grazia è il centro della religione, dove si arriva a una reale redenzione dell'uomo, a una liberazione interiore dalle forze avverse al valore, da quelle forze dell'esistenza che si oppongono a Dio. Nessuno che sia penetrato nel più intimo nucleo di questa religione può negare che essa rappresenti una forma della coscienza religiosa più alta rispetto alla religione della legge e tanto più rispetto alla religione naturalistica[49].

Ciò risulta ancora più evidente quando poniamo le forme fondamentali della religione in relazione allo sviluppo spirituale dell'umanità e da qui cerchiamo di comprenderle. Il livello più basso di questo sviluppo è quello dell'uomo primitivo. Il mondo spirituale in quanto tale per lui non è ancora sorto, la sua coscienza dei valori, per così dire, ancora dorme. Di conseguenza, la sua religione ha ancora il carattere della religione naturale. Il secondo livello è caratterizzato dal risveglio della coscienza dei valori e cioè dalla coscienza morale che cresce per prima in virtù della sua vicinanza e importanza per la vita. Indubbiamente, anch'essa non emerge in tutta la sua interezza; piuttosto viene attualizzata quella sfera del dovere morale che è contenuta all'interno della sfera autentica dei valori morali. Per questo il mondo etico si presenta qui all'uomo sotto la prospettiva della legge e la conseguenza è che la religione ha in sé il segno del legalismo. Il terzo livello è caratterizzato dalla piena attualizzazione della coscienza morale. I valori del vero e del bene, del bello e del sacro, vengono vissuti e compresi e il religioso si libera ora dalla moralità e si muove sulle proprie gambe. Con ciò si raggiunge il livello più alto della religione che abbiamo designato come religioni

---

[49] Recentemente cfr. Paul Radin, *Die religiöse Erfahrung der Naturvölker*, Rhein-Verlag, Zürich 1951.

della grazia o della redenzione. Ma se in questo modo il livello della religione è condizionato dallo sviluppo del pensiero umano, allora appare del tutto giustificato parlare di livelli oggettivi di valore rispetto alla religione.

2. Le religioni della grazia o della redenzione ci si presentano in forme diverse. Esiste anche in rapporto a esse una valutazione oggettiva? Si può parlare, a livello di una coscienza religiosa pienamente sviluppata, di una gerarchia oggettiva di valori religiosi? La difficoltà di un simile problema ci è evidente per il fatto che i ricercatori che fondamentalmente ritengono possibile una valutazione delle religioni sono tuttavia dubbiosi nel rispondere affermativamente a tali questioni[50]. Considerato più da vicino, si vede che questo dubbio ha il suo motivo più profondo nell'attitudine scientifica di questi ricercatori, i quali sono rivolti in modo così unilaterale alla concretezza e all'individualità che per loro punti di vista generali e comprensivi, come quelli mediati dalla filosofia della religione, non hanno alcun senso. Ma soltanto questi punti di vista permettono di andare avanti nella nostra questione. Chi non è in grado di appropriarsene sta di fronte al problema senza mezzi e la soluzione negativa che dà a esso è, in fondo, soltanto l'espressione di questa mancanza di mezzi.

Per avviare alla soluzione positiva del problema occorre anzitutto far presente che noi mettiamo in atto comparazioni anche in altri ambiti di valore e pretendiamo un risultato che sia universalmente valido. Compariamo, per esempio, l'etica di Aristotele con quella stoica e arriviamo alla conclusione che la prima sia superiore alla seconda. Confrontiamo l'etica aristotelica con quella kantiana e giudichiamo che quest'ultima rappresenta un progresso rispetto alla prima, dal momen-

[50] Ciò vale, ad esempio, per lo scritto di Gustav Mensching, *Das Christentum im Kreise der Weltreligionen*, A. Töpelmann, Gießen 1928.

to che essa ha visto chiaramente e individuato nella moralità, nel dovere incondizionato, un momento essenziale che ancora non era stato sufficientemente compreso. In questo modo dichiariamo la superiorità di un'etica sull'altra e pretendiamo che questa nostra valutazione abbia una sua validità oggettiva, poiché sappiamo che è fondata nella cosa stessa. Essa si appoggia, infatti, alla constatazione, ricavata dal fenomeno stesso, che una certa teoria etica rappresenta in modo più completo e adeguato il fenomeno etico rispetto a un'altra.

3. Ora, se vogliamo portare la prova del fatto che una valutazione oggettiva delle forme più alte della coscienza religiosa è possibile, dobbiamo anzitutto mostrare che il metro di giudizio che viene applicato non è semplicemente soggettivo, né che esso si avvicina alla cosa, ma che scaturisce da essa direttamente. Dobbiamo rendere evidente, in altre parole, che i contenuti di valore oggettivi delle forme religiose sono portatori in prima persona del nostro giudizio di valore e in esso vengono allo scoperto.

A partire dalla messe delle sue conoscenze di storia delle religioni Friedrich Heiler si è preoccupato di dimostrare che il cristianesimo si costituisce come la forma più alta fra le religioni attraverso due momenti: quello della pienezza valoriale e quello dell'elevatezza valoriale. Il primo momento ha una natura più formale, il secondo più materiale. A causa del suo carattere formale il primo si lascia più facilmente dimostrare come un momento oggettivo, indipendente da valutazioni soggettive. In altre parole, è possibile dimostrare in modo rigorosamente universale che il cristianesimo comprende in sé la pienezza dei valori religiosi e che contiene, in qualche maniera, tutti i valori delle altre religioni. Heiler lo ha fatto in modo convincente. Riassuntivamente afferma: «Nel cristianesimo si trova assolutamente tutto ciò che di sublime e di sacro vi è stato nella storia religiosa dell'umanità; il profondo rispetto di fronte alla legge morale divina che ha animato Confucio e i suoi seguaci; il timore adorante di fronte all'inesprimibile mistero divino che ha atterrito Lao-Tse nel *Tao tê ching*; il mistero dell'*unio mystica* che i veggenti delle *Upanishad* affidavano ai discepoli; l'eroismo dei seguaci del Buddha che per volere l'eterna salvezza lasciano "la patria per l'esilio"; la cura regolare per la meditazione e la contemplazione che comprende 2.500 anni di mistica indiana; l'altissima speculazione teologica del *Vedânta*; il semplice affidamento e l'amore oblativo di Dio della devozione induista *bhakti*; la fede nella provvidenza universale di Dio e l'idea del *bodhisattva* circa gli effetti universali dell'amore nel buddhismo mahayana; la *sola fides* e la fede nei fatti salvifici del buddhismo amida di origine giapponese; l'amore che riguarda tutti gli esseri, senza differenze, perfino i nemici, dei seguaci di Lao-Tse e Buddha; la fiducia nella legge e lo zelo nella preghiera dei musulmani; l'entusiasmo divino dei sufi persiani; l'Eros celeste di Platone; l'unione estatica di Plotino con l'Uno eterno; la vita sacramentale e la ricchezza di simboli dei culti misterici dell'Oriente ellenistico; lo zelo bruciante dei profeti ebraici per la santità di Dio e per il diritto e la giustizia nella vita del popolo; l'*ecclesia militans* dei sikh e dei musulmani; la grandiosa visione dell'enorme scontro storico tra bene e male e il compimento escatologico dell'umanità e del cosmo nel mazdeismo di Zarathustra. Non c'è dunque alcuna idea religiosa e morale, alcuna forma di devozione o di culto di reale valore che non abbia la sua patria nel cristianesimo»[51].

Come prova del fatto che altri studiosi giungono al medesimo risultato valga il breve scritto di Gustav Mensching *Das Christentum im Kreise der Weltreligionen*. Alla fine della

---

[51] Friedrich Heiler, *Die Frage der «Absolutheit» des Christentum im Lichte der Religionsgeschichte*, cit., p. 331.

sua peregrinazione attraverso le grandi religioni egli afferma: «Non c'è stato alcun momento religioso fuori del cristianesimo che non sia stato presente anche in esso»[52]. Dopo aver enumerato i singoli momenti, egli aggiunge: «Tutti questi elementi che nelle diverse religioni appaiono dispersi sono presenti nel cristianesimo come unità. Già dal fatto che il cristianesimo contiene la pienezza della vita e dell'esperienza religiosa si deduce l'infinita superiorità del cristianesimo»[53].

Il cristianesimo non si distingue da tutte le altre religioni soltanto per la sua pienezza valoriale, ma anche per la superiorità dei valori. Non contiene soltanto i valori delle altre religioni, ma conserva in sé anche nuovi e più alti valori. Questa superiorità non si lascia certo dimostrare in modo esatto come nel caso della sua pienezza valoriale e il motivo, che conosciamo già, sta nel carattere più materiale di questo secondo momento. Nondimeno, anche la dimostrazione di una singolare superiorità riguardo ai valori del cristianesimo ha una sua validità di tipo scientifico.

Come abbiamo detto prima, la religione della redenzione comprende diversi tipi. I due più importanti sono quello profetico e quello mistico. Il primo è identico con la religione della rivelazione biblica che ha trovato il suo compimento nel cristianesimo. L'altro lo incontriamo nelle religioni della redenzione indiane (bramanesimo, buddhismo, induismo). Se li mettiamo a confronto, la religione della redenzione profetica appare superiore sul piano del valore, perché assolve ad alcune insopprimibili esigenze della nostra coscienza dei valori che nella religione mistica della redenzione non sono assolte. Mentre infatti quest'ultima, in modo più o meno rozzo,

[52] Gustav Mensching, *Das Christentum im Kreise der Weltreligionen*, cit., p. 22.

[53] *Ivi*, p. 43.

nega il valore della personalità e della comunità e quello del mondo e della storia, la prima li considera con accento positivo. In essa infatti la personalità, anche al livello più elevato dei rapporti religiosi, rimane, ovvero si conserva, nella propria singolarità e non scompare nella divinità. Essa è e rimane l'Io umano che, per così dire, rappresenta l'altro polo del Tu divino. Ma poiché la religione profetica rappresenta la sussistenza ontica della personalità, essa corrisponde a un'esigenza fondamentale della nostra coscienza morale, che in ultimo sta o cade con l'idea di personalità.

Lo stesso vale per il suo contraltare, cioè per l'idea della comunità. Anch'essa viene affermata dalla religione profetica senza riserve. Infatti, la salvezza che viene annunziata non è esclusivamente individuale, ma al tempo stesso anche collettiva, giacché l'intera umanità deve essere attraversata dalle forze del mondo superiore e arrivare alla redenzione. L'obiettivo della salvezza per i profeti è il «regno di Dio», l'instaurazione del dominio di Dio in tutto ciò che porta un volto umano. Questa religione afferma la dimensione comunitaria, perché afferma che il mondo è creazione di Dio. In ciò consiste la più forte affermazione del mondo, sebbene questo «sì» comprenda anche un «no» che è indirizzato a ciò che in esso è ostile al valore, a Dio. Il cristianesimo, osserva cogliendo nel segno Troeltsch, «nega il mondo ma soltanto nel suo senso superficiale, naturale e nella misura in cui il male domina su di esso. Afferma invece il mondo, in quanto è da Dio ed è sentito da colui che è religioso come proveniente da Dio e a lui conducente. Dalla negazione e dalla affermazione scaturisce il vero mondo superiore con una forza e con una autonomia mai sperimentata altrove»[54].

---

[54] Ernst Troeltsch, *Die Absolutheit des Christentums und die Religionsgeschichte*, cit., p. 87 [tr. it. p. 126].

La religione profetica, nel momento in cui afferma il mondo, afferma anche la storia. È a essa che deve la propria origine, dal momento che è venuta all'esistenza tramite una rivelazione storica. L'idea di un'autorivelazione di Dio che ha luogo nella storia forma, per così dire, il nocciolo di questa religione. Essa alla fine non fonda la propria superiorità sulla religione mistica, poiché in essa [nell'autorivelazione di Dio] possiede un principio che è sottratto a qualsiasi soggettività. Nella misura in cui la vita religiosa poggia su un fondamento e si alimenta da una fonte che non sta nel soggetto e non dipende dalle sue oscillazioni interiori, essa acquista un'oggettività che per forza di cose manca al tipo mistico.

La superiorità della religione cristiana dovrebbe con ciò risultare chiara. Come completamento di quanto si è detto può essere utile la prova indiretta di tale superiorità che Heiler conduce mostrando le mancanze e le insufficienze che caratterizzano le religioni della redenzione indiane. Esse riguardano anzitutto l'idea di Dio, che mostra una continua oscillazione tra teismo personale e panteismo impersonale e alla quale mancano i tratti attivi e dinamici della onnipotenza e della maestà, così come l'ira del Dio giudice. In secondo luogo, vi sono le mancanze che riguardano l'idea della redenzione. Fra le più importanti vi è la sporadicità della consapevolezza della radicalità del peccato nel senso del biblico *tibi soli peccavi* (Sal 51, 6), la concezione del peccato come incoscienza metafisica e non come ribellione della creatura contro il creatore, la mancanza di una rivelazione storica di Dio nel senso della manifestazione della volontà di Dio su di noi e infine la completa mancanza di storicità del pensiero religioso. A queste mancanze di fondo se ne aggiungono altre, più specifiche: l'individualismo e il connesso indebolimento dell'idea di una comunità religiosa, l'illimitata tolleranza verso qualsiasi forma religiosa, anche quella più cruda e superstiziosa, la tetra dottrina dell'eterno ritorno, che non riconosce il carattere universale della fine della vicenda terrena e nemmeno un pieno dominio di Dio e in questo modo finisce per disprezzare ciò che è corporale e materiale. «Malgrado i tesori di religiosità, che ci meravigliano, e la vita ascetico-meditativa che ha un valore esemplare, il mondo religioso induista e buddhista mostra grandi lacune e gravi offuscamenti e sviamenti che rendono impossibile la sua equiparazione al cristianesimo»[55].

In questo modo il cristianesimo è sovraordinato rispetto alle altre religioni non soltanto riguardo alla sua pienezza valoriale, ma anche riguardo all'elevatezza valoriale. Se nel primo momento è assicurata al cristianesimo una superiorità nei confronti delle altre religioni, nel secondo è possibile sperimentare un'elevazione essenziale. Chi possiede un organo per percepire i valori religiosi e si immerge amorevolmente nel mondo religioso del cristianesimo per comprenderlo con tutta la profondità e pienezza possibili non avrà alcun dubbio nell'attribuire a esso il primato. Rudolf Eucken, che ha presentato e valutato con grande finezza i momenti in cui nella storia spirituale dell'umanità hanno fatto la loro apparizione i valori, afferma con ragione: «Non soltanto il credente, ma anche lo scienziato sarà pronto a riconoscere nel cristianesimo una grandezza straordinaria in mezzo alle altre religioni»[56]. Proprio Eucken tenta in modo convincente di mostrare la superiorità del cristianesimo sulle religioni indiane, in particolare sul buddhismo, dal punto di vista della filosofia della religione. Per lui il cristianesimo «rappresenta nell'interezza del suo essere e agire la religione delle religioni»[57].

---

[55] Friedrich Heiler, *Die Frage der «Absolutheit» des Christentum im Lichte der Religionsgeschichte*, cit., p. 330.

[56] Rudolf Eucken, *Der Wahrheitsgehalt der Religion*, Vereinigung Wissenschaftlicher, Berlin-Leipzig 1920⁴, p. 7.

[57] *Ivi*, p. 13.

Ma il giudizio di valore che assegna al cristianesimo il primato nel mondo delle religioni non è alla fine condizionato dal punto di vista cristiano di colui che giudica? Un buddhista non guarderebbe forse con la stessa convinzione interiore alla propria religione come a quella in cui culmina la storia delle religioni?

Tale obiezione è stata sollevata da Mezger contro Troeltsch. Questi valuta il cristianesimo come il punto più alto in cui tutte le altre religioni convergono perché le misura sulla base del cristianesimo. Uno studioso che viceversa considerasse la mistica come ideale della religiosità vedrebbe il buddhismo come superiore al cristianesimo: «A un buddhista o a un musulmano la gerarchia fra le religioni stabilita da Troeltsch apparirà come un'incomprensibile violenza ai valori esistenti. La statuizione del metro di misura, in ultima analisi, è un affare che riguarda la decisione personale, nella quale io mi convinco profondamente che una certa religione corrisponde al meglio ai miei bisogni spirituali e al mio livello di formazione morale, intellettuale, ecc.»[58].

L'obiezione è talmente ovvia da far pensare che sia stata presa in considerazione anche da Troeltsch. Se egli, nonostante questa obiezione, affida al suo giudizio di valore una validità oggettiva, lo fa con buoni motivi, perché il semplice fatto che altri giudicano in maniera diversa non costituisce una prova per la validità soltanto soggettiva di un giudizio. L'importante è che chi giudica diversamente apporti i presupposti necessari per il giudizio, i quali, nel nostro caso, sono in parte di tipo logico, in parte di tipo assiologico. I primi, per dirla con Troeltsch, risiedono «nella comparazione attenta, nella immedesimazione libera da pregiudizi

---

[58] Paul Mezger, *Die Absolutheit des Christentums und die Religionsgeschichte*, cit., p. 26.

e nella valutazione critica coscienziosa»[59]. Ora, si può ammettere che questi presupposti siano assolti, nonostante che il giudizio di valore di un altro si contrapponga al proprio. Questo è appunto il caso – per rimanere al nostro esempio – di un buddhista che si è familiarizzato a fondo con le altre religioni, che ha ponderato con cura i valori delle une rispetto alle altre e che tuttavia resta fermo nel giudizio che il buddhismo sia la religione più alta. Ci si domanda quindi se per questo giudizio esistono anche presupposti di tipo assiologico. Essi consistono nella chiarezza e nella estensione della sua coscienza dei valori. Soltanto se i valori sono concepiti in modo chiaro e nella loro pienezza, il suo giudizio di valore può esigere una validità oggettiva.

Con ciò stiamo sicuramente ai «limiti dell'umanità». La visione del pleroma dei valori in tutta la sua evidenza è proibita ai mortali. La limitatezza della coscienza dei valori dovuta alla finitezza dell'essere umano non permette una simile visione, anche se da ciò non consegue affatto che la struttura della coscienza dei valori sia un fatto non ulteriormente discutibile al quale il nostro intelletto deve semplicemente adeguarsi. Per quanto l'ideale di una visione totale del valore sia irraggiungibile, ci sono approssimazioni più o meno grandi a questo ideale. C'è infatti una coscienza dei valori che concepisce chiaramente le diverse sfere del valore nella loro specificità e autonomia, sebbene non nella loro pienezza di contenuto, il che è appunto impossibile; ma c'è anche una coscienza dei valori che è internamente limitata e che non ha alcun accesso a determinate sfere di valore, per cui in essa soltanto una parte dei valori giunge alla loro datità.

---

[59] Ernst Troeltsch, *Die Absoluheit des Christentums und die Religionsgeschichte*, cit., pp. 66 ss. [tr. it. p. 104].

Questo è il caso della visione dei valori buddhista e soprattutto induista. Essa mostra una spiccata struttura mistico-contemplativa in conseguenza della quale i valori che appartengono alla parte etico-attiva dello spirito non vengono pienamente concepiti. Essi vengono visti in qualche modo, ma non considerati nella loro peculiarità come valori autonomi. Il significato ascritto all'etico è dunque quello di un valore mediano, non autonomo. L'etico sta cioè al servizio del religioso, è il grado preliminare alla unione mistica con Dio che senza una purificazione di tipo morale non è possibile. Esso viene affermato soltanto nella misura in cui è strumento per l'*unio mystica*, ma appunto perché il bene morale non è riconosciuto nel suo significato proprio, nemmeno il suo controvalore è compreso in tutta la sua profondità. Il male, il peccato, non viene ricondotto alla malvagità, ma piuttosto all'ignoranza. Il *mysterium iniquitatis* che nel mondo ideale cristiano assume una posizione centrale rimane al fondo di questo tipo di visione dei valori, nell'oscurità.

Questa limitatezza risulta negativa anche in prospettiva religiosa, dal momento che la coscienza etica è intimamente connessa a quella religiosa. Ciò si mostra anzitutto nel fatto che anche la coscienza etica è implicata nella formazione dell'idea religiosa di Dio, la quale non è pensabile senza certi predicati di valore che derivano dalla coscienza etica. La conseguenza è che un offuscamento di questo tipo di coscienza si avverte anche nell'idea di Dio. Anche in questo caso infatti, essendo la coscienza morale non pienamente formata, all'immagine di Dio mancano i tratti etico-personalistici e si oscilla tra teismo personalista e panteismo impersonale.

Queste poche indicazioni, che riprenderemo più ampiamente in seguito, potrebbero già essere sufficienti per far vedere che il giudizio di valore che viene dato dal punto di vista buddhista e induista mostra una coscienza dei valori con gravi lacune. Con ciò si afferma che non si danno i presupposti assiologici per una validità oggettiva di esso. Che le cose stiano così è confermato anche dal fatto che gli spiriti indiani che si sono aperti ai valori della religione della cultura occidentale e li hanno accettati rivelano un'acuta consapevolezza dei limiti del loro mondo spirituale e sono favorevoli a un essenziale completamento della visione orientale dei valori con quella occidentale[60].

Con ciò abbiamo superato quel punto di vista relativistico per il quale le strutture spirituali date dal punto di vista psicologico o storico e i modi di valutazione che su di esse si basano rappresentano dei dati di fatto oltre i quali non si può andare, che impediscono al nostro pensiero di progredire e non permettono un'interrogazione sulla loro giustezza o meno. Questo punto di vista che talora appare nella forma dello psicologismo, talora dello storicismo, e che negli scienziati dello spirito è così esteso, non può in alcun modo soddisfare il filosofo. L'accertamento di strutture spirituali dice la parola risolutiva riguardo alla *quaestio facti*, ma non alla *quaestio iuri*, e che anche a quest'ultima si possa dare una risposta lo abbiamo visto. Che molti studiosi, irretiti in un relativismo consapevole o, più spesso, inconsapevole, disperino di trovare una soluzione, dipende dal fatto che essi «di fronte alla totalità degli alberi non vedono la foresta». Essi si trovano di fronte all'insieme delle strutture coscienziali di valore che sono più o meno diverse e non vedono ciò che le comprende e le collega fra loro, e cioè la coscienza del valore che è antropologicamente universale. Così, prendono in considerazione troppo poco le parole del poeta, per le quali «i bimbi di lingue e zone diverse sono pur

---

[60] Cfr. in particolare Rabindranath Tagore, *Sadhana. Der Weg zur Vollendung*, Kurt Wolff Verlag, München 1921.

sempre uomini». È l'idea che Rolland esprime in modo ancora più chiaro: «Per l'anima nuda non esiste né Occidente né Oriente; questi sono semplici veli dell'anima»[61]. Al di là di tutte le differenziazioni che riguardano lo spazio e il tempo, la razza e la cultura, esiste al fondo qualcosa di comune che è universalmente umano. Esso costituisce la norma più alta che ci offre il criterio per giudicare quelle differenziazioni. È una norma che non si può semplicemente derivare da datità empiriche, ma che piuttosto può essere acquistata soltanto attraverso un lavorio filosofico su queste datità che si basa su principi filosofici di valore. Gli studiosi che hanno occhio esclusivamente per il concreto e l'individuale ne rimangono estranei, poiché sono inclini a considerare ciò che non è dato, l'astratto e il generale, come un'idea astrusa. Non hanno alcun accesso alla sfera dell'essere ideale e perciò la negano, con la conseguenza del relativismo[62].

Nella dottrina dei valori il relativismo viene superato attraverso le recenti ricerche sul valore, in particolare quelle fenomenologiche. Queste ricerche hanno messo in evidenza che il valore non è una semplice posizione del soggetto, ma deve essere considerato come qualcosa di oggettivo. Noi ne abbiamo esperienza non tanto sul versante della nostra coscienza, ma su quello dell'oggetto. Quando abbiamo un'esperienza interiore profonda di un'opera d'arte appare chiaro che questo contenuto di valore rappresenta qualcosa di indipendente da noi, sottratto al nostro arbitrio. Quasi avanza la pretesa di essere riconosciuto da noi e così forma la norma oggettiva per il nostro giudizio di valore. Questo può cogliere o man-

---

[61] Romain Rolland, *Das Leben des Ramakrishna*, Rotapfel-Verlag, Zürich 1929, p. 16.

[62] Concordo con Emil Brunner quando considera il relativismo una «concezione spirituale molto più pericolosa» del materialismo (cfr. *Die Absolutheit Jesu*, Furche, Berlin 1926, p. 4).

care la cosa alla quale si riferisce e in questo modo sottostà al contrasto tra vero e falso. Con ciò, tuttavia, il soggettivismo e il relativismo sono superati in linea di principio. Purtroppo queste conoscenze fondamentali della odierna filosofia dei valori non sembrano ancora essere penetrate nell'ambito degli scienziati dello spirito. Essi sono pur sempre inclini a mettere in conto al soggetto tutto ciò che ha a che fare con il valore e con la valutazione. In modo più o meno consapevole, essi elevano il vecchio assioma *de gustibus non est disputandum*, che secondo le attuali conoscenze della ricerca sul valore è valido all'interno dell'ambito estetico stesso con delle limitazioni, ad un assioma valido per tutta la dottrina dei valori. Che con ciò vengano a rappresentare una concezione che può essere designata come completamente antiquata, è un fatto di cui non si rendono conto, avendo tralasciato di prendere in considerazione le nuove prospettive dei moderni filosofi del valore[63].

---

[63] Cfr. a questo proposito la parte del mio *Lehrbuch der Philosophie*, vol. II, J. & S. Federmann, München 1959², dedicata alla dottrina dei valori.

# Capitolo secondo
# Trattazione fenomenologica

## 1. *Il fenomeno religioso originario*

La superiorità del cristianesimo rispetto alle altre religioni storiche si lascia dimostrare con mezzi scientifici, questo il risultato della nostra ricerca fin qui. È possibile procedere oltre questo risultato? È possibile spingersi oltre una superiorità relativa verso una superiorità assoluta? La risposta a questa domanda è negativa, almeno per quanto riguarda i mezzi fin qui adottati. La comparazione delle religioni storiche riguardo al valore non può di per sé spingersi oltre una superiorità relativa, cioè una superiorità stabilita in rapporto a religioni storiche tra loro comparate. Se vogliamo proseguire, dobbiamo adottare un altro procedimento e cioè non limitarci più alla considerazione delle apparizioni storiche della religione, ma penetrare nella loro essenza interiore e scoprirne la struttura.

Per questo dobbiamo servirci non di un metodo storico, ma fenomenologico. Dobbiamo cercare di far apparire nel modo migliore possibile il fenomeno religioso nella sua originalità, per poi metterne in evidenza i diversi momenti essenziali. L'essenza della religione, così acquisita, deve quindi essere confrontata con il contenuto di valore e con l'essenza del cristianesimo. Dovesse risultare che in esso sono contenuti tutti i momenti costituenti dell'essenza della religione andando a formare un complesso armonico, potremmo avanzare il giudizio di valore per il quale il cristianesimo non soltanto rappresenta la religione più elevata fra quelle reali, ma anche fra quelle possibili e dunque la sua superiorità è assoluta.

A prima vista il nostro procedimento sembra avere forti contatti con quello hegeliano. In realtà, è profondamente diverso. Hegel cerca di assicurare l'assolutezza del cristianesimo provando che l'idea della religione ha trovato la sua piena realizzazione nel cristianesimo. L'idea della religione viene costruita in lui dai principi della sua filosofia. Per questo il suo punto di partenza è una costruzione filosofica. Viceversa, il nostro punto di partenza è la realtà della religione. Noi deriviamo la forma essenziale della religione dalla religione stessa, per cui la nostra visione dell'essenza della religione si realizza a partire dal fenomeno religioso. Nei suoi confronti il nostro pensiero non si comporta in modo costruttivo, ma recettivo: cerca, per così dire, di riprodurre l'essenza della religione che prende forma nel fenomeno. Noi, dunque, non ci poniamo come Hegel sul terreno della filosofia per determinare che cosa sia religione, ma ci poniamo nel cuore della religione per scoprire la sua pulsazione e il suo mistero. Mentre nel procedimento hegeliano la religione riceve insegnamenti su se stessa dal filosofo, noi ci lasciamo addottrinare sulla sua essenza dalla religione stessa e ci guardiamo bene dal mancare di farlo. Il nostro procedimento è dunque *a posteriori*, non *a priori*. Con ciò è implicitamente detto che esso non dà un risultato esatto e sicuro come pretendeva il procedimento *a priori* hegeliano nella sua formalità. Per allontanare il sospetto di una falsa pretesa del nostro *modus procedendi* prendiamo in considerazione anzitutto l'incompiutezza logico-formale del suo risultato.

Perché esso abbia un valore scientifico si deve assolvere a due condizioni. Per prima cosa dobbiamo considerare il fenomeno religioso là dove è possibile incontrarlo nella sua purezza e completezza. Dobbiamo iniziare, in altri termini, la nostra analisi con un'esperienza religiosa che ha il valore dell'esperienza del sacro *par excellence*. Essa non può appartenere all'ambito cristiano, poiché se così fosse ci esporremmo all'obiezione di una *petitio principii*. Infatti, misureremmo il valore del cristianesimo su una norma che scaturisce da esso e cioè presupporremmo come già dimostrato ciò che dobbiamo ancora dimostrare, ovvero la coincidenza della norma con il cristianesimo. Il materiale con il quale iniziamo la nostra analisi deve pertanto essere ricavato al di fuori del cristianesimo. Per evitare l'unilateralità e per raggiungere un risultato che sia pienamente scevro da obiezioni di tipo scientifico è raccomandabile prendere in considerazione tanto la religiosità di tipo profetico, quanto quella mistica. Lo facciamo con riguardo all'esperienza religiosa dell'Antico Testamento nel primo caso, e alla mistica di Plotino nel secondo.

Un'esperienza vissuta del sacro, sul cui carattere prototipico non vi è discussione alcuna fra gli esperti, è la vocazione di Isaia: «Nell'anno in cui morì il re Ozia, io vidi il Signore seduto su un trono alto ed elevato; i lembi del suo manto riempivano il tempio. Attorno a lui stavano dei serafini, ognuno aveva sei ali; con due si copriva la faccia, con due si copriva i piedi e con due volava. Proclamavano l'uno all'altro: "Santo, santo, santo è il Signore degli eserciti. Tutta la terra è piena della sua gloria". Vibravano gli stipiti delle porte alla voce di colui che gridava, mentre il tempio si riempiva di fumo. E dissi: "Ohimè! Io sono perduto, perché un uomo dalle labbra impure io sono e in mezzo a un popolo dalle labbra impure io abito; eppure i miei occhi hanno visto il re, il Signore degli eserciti". Allora uno dei serafini volò verso di me; teneva in mano un carbone ardente che aveva preso con le molle dall'altare. Egli mi toccò la bocca e mi disse: "Ecco, questo ha toccato le tue labbra, perciò è scomparsa la tua iniquità e il tuo peccato è espiato". Poi udii la voce del Signore che diceva: "Chi manderò e chi andrà per noi?". E io risposi: "Eccomi, manda me"» (Is 6, 1).

Assai diverso il modo di esperire il divino e la sua presentazione che Plotino entusiasticamente descrive come una visione immediata di Dio, come intuizione mistica dell'Uno, della sua bontà e bellezza: «Occorre dunque risalire ancora al Bene, verso il quale tendono le anime. Se lo si è visto, si comprende ciò che voglio dire e in qual senso sia bello. Come Bene, è desiderato, e il desiderio tende verso di lui; ma l'ottengono soltanto coloro che salgono verso la regione superiore, si volgono verso di lui e depongono le vesti che hanno indossato nel corso della loro discesa precedente, proprio come devono purificarsi coloro che salgono i santuari dei templi, lasciando i propri vestiti e proseguendo ignudi; fino al punto in cui, avendo abbandonato nella loro ascesa tutto ciò che era estraneo a Dio, ritrovano, da solo con se stesso, nel suo isolamento, nella sua semplicità, nella sua purezza, l'essere da cui tutto dipende e verso il quale tutto volge, poiché è l'essere, la vita e il pensiero; infatti è la causa della vita, dell'intelletto e dell'essere. Vedendo quest'essere, quanto amore e quali desideri si proveranno desiderando unirsi a lui! Che emozione, accompagnata da quale piacere! Infatti, colui che non l'ha ancora visto può tendere verso di lui come verso un bene: ma a chi l'ha visto compete l'amarlo per la sua bellezza, essere colmato di emozione e di piacere, avvertire un benefico stupore, amarlo di un amore veritiero, con ardenti desideri, disinteressandosi di altri amori e disprezzando i pretesi beni dell'apparenza; è ciò che provano tutti coloro che hanno incontrato delle forme divine o demoniche e oramai non ammettono più la bellezza degli altri corpi. Cosa pensiamo che proveranno, vedendo il Bello in sé, in tutta la sua purezza, non quello che è appesantito di carne e corpo, ma colui che, essendo completamente puro, è al di sopra della terra e del cielo? Tutte le altre bellezze sono acquisite, mescolate e non originarie; e provengono da lui. Se dunque lo si vede, colui che fornisce la bellezza a tutte le cose, ma che la dispensa restando in se stesso e senza ricevere niente in sé, se si resta in questa contemplazione gioiosa di lui, di quale bellezza si sentirà ancora la mancanza? Infatti, è lui, la prima vera bellezza, che abbellisce i suoi stessi amanti e li rende degni di essere amati. Qui, s'impone all'anima la più grande e suprema lotta, per la quale essa prodiga ogni suo sforzo, al fine di non essere esclusa dalla migliore delle visioni; se [l'anima] vi perviene, è felice grazie a questa visione della beatitudine»[1].

Il fenomeno religioso originario o, come anche abbiamo detto, l'esperienza religiosa fondamentale, ci sta oramai di fronte sotto due forme che si completano a vicenda. Il nostro compito è di descrivere meglio il fenomeno o, in altri termini, analizzare il contenuto dell'esperienza vissuta. Se lo facciamo, risultano i seguenti momenti:

1. Il primo e fondamentale momento è quello della realtà. Se si domanda che cosa sperimentano questi due *homines religiosi*, allora bisogna rispondere per prima cosa che sperimentano una realtà. La loro esperienza è l'esperienza di una realtà. Non un'immagine fantastica, non un semplice concetto, non un essere fittizio forma l'oggetto della loro esperienza, ma un essere altamente reale. Nell'esperienza profetica questo momento della realtà è messo in rilievo al massimo, poiché Dio viene sperimentato come forza effettiva, come essere che agisce. Ma anche nell'esperienza mistica il momento dell'essere non manca. Se si domandasse al mistico se il divino è qualcosa di esistente o meno, egli probabilmente non comprenderebbe affatto questa domanda,

[1] *Enneadi* I, 6 [tr. it. Mimesis, Milano 1992, pp. 110-111].

tanto ovvio è per lui il carattere di essere dell'oggetto della sua esperienza. Certo, il mistico ha designato Dio come «puro nulla», con ciò però egli non voleva privarlo dell'essere, ma mettere in rilievo soltanto la sua sublimità. Egli voleva dire che Dio non è nulla di ciò che è conosciuto come essere, non è l'essere del mondo o della terra. «In virtù della sua sublimità – afferma Scoto Eriugena – Dio, non senza ragione, viene chiamato puro nulla».

Il suo carattere ontologico distingue il valore religioso da tutti gli altri. Il sacro non è come il Vero, il Buono e il Bello un semplice valore ideale, ma un valore dotato di realtà. Mentre questi altri valori attendono una realizzazione e dipendono per questo dagli uomini, al sacro in quanto tale non compete una realizzazione, né ne abbisogna. Non lo può né gli occorre, perché è reale dal punto di vista essenziale.

2. Con ciò siamo spinti a un secondo momento, non meno significativo: il momento del valore. L'uomo ha esperienze di realtà di diverso tipo. Sperimenta la realtà delle cose e degli eventi, del prossimo, delle sue azioni e intenzioni, di personalità e casi storici, almeno nella misura in cui ha un contatto stretto con essi. Tra questi tipi di esperienza della realtà, quella religiosa ha un particolare contenuto di valore. La realtà che diventa reale per l'uomo nell'esperienza religiosa è infatti una realtà del valore, non un *factum brutum*, ma un essere ricolmo di valore. La sua peculiarità coincide con il valore; appare come qualcosa di infinitamente alto e sublime e possiede una dignità inesprimibile.

Che il momento del valore abbia un significato costitutivo per il contenuto dell'esperienza religiosa fondamentale uguale al momento ontologico lo dimostrano entrambi i casi. In entrambi, infatti, esso è fortemente messo in rilievo, per quanto in modo assai diverso. Nel profeta risulta anzitutto dall'atteggiamento dei serafini che circondano il trono dell'Eterno: essi sono rapiti, si nascondono il volto e cantano i loro inni *trihágios*. Nel mistico si ha un'esperienza più o meno diretta nella quale il divino è descritto con i più alti predicati di valore. Egli è il Bene e il Bello, la bellezza originaria stessa che accende in colui che la mira un sacro fuoco d'amore.

3. In quanto realtà dotata di valore, il divino si distingue chiaramente dal mondo dove luce e ombra, valore e disvalore sono mescolati; poiché esso è pura luce, assoluto valore, non può coincidere con una parte del mondo, né con il mondo come totalità, ma gli è trascendente.

Questo segno distintivo della trascendenza è indiscutibile in entrambe le esperienze: in quella profetica in forma fantasiosa, mitologica, in quella mistica in forma astratta, metafisica. Là, per così dire, il divino viene localizzato: Dio non abita sulla terra, ma nel cielo e il profeta lo guarda assiso nel suo trono celeste. In Plotino, al contrario, esso viene concettualmente elevato al di sopra di tutto l'essere mondano. La sua trascendenza non viene concepita in senso spaziale, ma strettamente ontologico: è l'Uno in contrapposizione alla molteplicità delle cose; è il Bene e la Bellezza assoluta, il valore *kat'exochèn* in contrapposizione con il disvalore di ciò che è terreno. È il «totalmente Altro», un'espressione che ha coniato Agostino, il «platonico cristiano» che si è mosso sulle orme di Plotino.

Il divino, tuttavia, non è esclusivamente trascendente, ma al tempo stesso anche immanente. La sua trascendenza ha come polo oppositivo l'immanenza ed entrambi i momenti appartengono all'essenza del divino. Anche questo carattere è presente tanto nell'esperienza profetica di Dio che in quella mistica. Il Dio che troneggia in cielo per il profeta è un essere sovramondano, ma per nulla lontano dal mondo o distaccato da esso. Con il suo essere penetra il mondo e lo riempie: «La terra è piena della sua gloria». E non soltanto dal punto di vista dell'essere è rivolto al mondo, ma anche da quello morale:

egli si rivolge al profeta, lo monda dal peccato, e lo invia nel mondo affinché instauri il suo regno. L'immanenza del divino non manca nemmeno nell'esperienza mistica, addirittura essa è messa in rilievo in modo ancora più chiaro, dal momento che il divino è connotato come «l'essere da cui tutto dipende e verso il quale tutto volge, poiché è l'essere, la vita e il pensiero». Di lui, più in là, si dice che può essere «soltanto comunicato» e che «abbellisce i suoi stessi amanti e li rende degni di essere amati». L'immanenza del divino raggiunge la sua espressione massima nell'intuizione di Plotino per la quale nel punto massimo dell'unione con Dio, nell'estasi, l'essere dell'uomo e quello di Dio si fondono l'uno nell'altro.

4. Se ci domandiamo come è possibile una tale fusione, allora ci troviamo di fronte al problema della personalità del divino. Nell'esperienza profetica questo momento assume un rilievo chiaro e indubitabile. Dio viene descritto come un essere personale: egli parla, ascolta, risponde, ordina, agisce. Al suo confronto, nell'esperienza mistica, il divino appare dapprima come impersonale, come una realtà di valore superiore a tutto ciò che è l'essere umano e personale. In quanto appare come «totalmente Altro», esso non può essere pensato come personale. Ma con ciò non è ancora detta la parola conclusiva, perché anche per il mistico il divino entra in relazione con l'uomo, e addirittura, come abbiamo visto, in una relazione assai intima. Se non altro, dunque, egli si rapporta in modo personale, anche se questo tipo di relazione deve essere fondato. In che cosa consista questo fondamento ci diventa visibile riflettendo su quella che è la sua più intima essenza, alla quale diamo il nome di «personalità». Con ragione si è detto che la personalità non è, ma diviene. Essa non è tanto il risultato di accadimenti naturali, ma la conquista di un anelito spirituale. Si realizza attraverso l'assunzione nell'essere naturale dell'uomo dei valori spirituali risultandone, per così dire, impregnata. Di conseguenza, la personalità indica una parte del valore

dotato di realtà e siccome l'essere di Dio rappresenta un valore dotato di realtà, siamo autorizzati ad applicargli il concetto di personalità. Il suo rapportarsi alla persona ha dunque come fondamento la personalità. Con ciò non si è istituito alcun antropomorfismo, poiché abbiamo tolto dall'idea di personalità tutto ciò che è semplicemente umano e soltanto dopo questa purificazione l'abbiamo trasferita al divino. Se non si concepisce la personalità in questo modo astratto, ontologico, allora nemmeno la si può applicare al divino. Non lo si può determinare come personale, ma come sovrapersonale, nella maniera molteplice in cui anche i mistici lo hanno determinato.

5. Giungiamo all'ultimo momento quando prendiamo in considerazione l'azione che proviene dal divino e nella quale si rivela e manifesta il suo carattere di valore. Nella descrizione profetica questa azione assume addirittura dei caratteri plastici: i cori celesti dei serafini adorano l'Eterno con i loro inni *trihágios*. Si sono coperti il volto con le ali, per non dover morire alla vista della divinità. Il loro canto di lode è talmente potente da far tremare le fondamenta e gli stipiti. Questo tremolio rapisce anche l'anima del profeta, il quale di fronte al trono del tre volte santo avverte nel profondo della sua anima di essere malvagio e di essere irretito dalla malvagità del suo popolo: «Ohimè! Io sono perduto, perché un uomo dalle labbra impure io sono e in mezzo a un popolo dalle labbra impure io abito». Dio viene qui sperimentato come «il santo d'Israele», come il profeta lo chiama ogni volta, come il Dio che ha detto: «Siate santi, perché io, il Signore, Dio vostro, sono santo» (Lv 19, 2). Viene sperimentato come il Dio che costringe ogni creatura ad adorarlo in ginocchio e che la atterrisce nella coscienza della sua nullità e della sua indegnità; egli viene sperimentato come *mysterium tremendum*. Ma questo è soltanto un aspetto, quello oscuro, della sua essenza, al quale si giustappone, in una singolare armonia di contrasti, l'aspetto luminoso, in cui Dio si mostra come grazioso. In un inconcepibile moto amo-

roso egli si abbassa compassionevolmente verso il peccatore. Il profeta sperimenta la sua compassione già nella chiamata dal trono, ma essa appare in tutta la sua dirompenza quando un serafino lo tocca con un carbone ardente sulle labbra mondandolo dal peccato e permettendogli di partecipare al perdono e alla purezza. Così, Dio viene qui sperimentato come colui che ha detto: «Ti ho amato di amore eterno, per questo ti conservo ancora pietà» (Ger 31, 3). Egli viene sperimentato come il Dio che non è soltanto *mysterium tremendum*, ma anche, e al tempo stesso, *mysterium fascinosum*.

Anche l'esperienza di Dio descritta da Plotino presenta due poli. Il divino appare per un verso come l'Altissimo e il Sublime, il Puro e il Sacro. Per raggiungerlo, bisogna elevarsi e distaccarsi da tutto ciò che è terreno. Come l'iniziato per accedere al *sancta sanctorum* deve purificarsi lasciando i vestiti ed entrando completamente nudo, così anche l'anima deve distaccarsi da tutto ciò che non è divino, se vuole vedere il divino. E se lo vede, essa viene scossa da «un terrore che però non ha nulla di divorante». Anche il divino di cui parla Plotino è dunque un *mysterium tremendum*. Certo, non lo è in un senso così radicale come quello del profeta. Se si proviene dall'esperienza del profeta, si avverte che in quella del mistico il momento del *tremendum* è assai meno rilevante (e proprio l'ultima espressione citata ne è un segno). In compenso il momento del *fascinosum* è messo maggiormente in rilievo e il mistico, con espressioni immaginifiche sempre nuove, cerca di farlo intuire. Per colui che guarda il divino, «quanto amore e quali desideri si proveranno, desiderando unirsi a lui! Che emozione, accompagnata da quale piacere!». Perciò beato chi lo ha raggiunto, «chi è veramente arrivato al suo cospetto». Se si paragona questa esperienza mistica del *mysterium fascinosum* con quella profetica, si può stabilirne la differenza nel fatto che quella ha più un carattere estetico, e questa più un carattere etico.

Riassumendo, possiamo a questo punto descrivere l'esperienza religiosa fondamentale come l'esperienza di un valore dotato di realtà, di tipo personale-sovrapersonale, che è trascendente-immanente, il quale come *mysterium tremendum* è oggetto di sacro terrore e di sacra adorazione, e come *mysterium fascinosum* è oggetto di fiduciosa dedizione e amore.

## 2. *Il cristianesimo come pienezza essenziale della religione*

Abbiamo compreso e messo in rilievo il nocciolo essenziale della religione. Il compito che ora ci poniamo è quello di mostrare che esso ha trovato nel cristianesimo la sua piena conformazione, ovvero che l'essenza della religione si è realizzata in esso. Perché una simile dimostrazione possa essere convincente, deve essere condotta nel modo più esatto possibile. Non basta determinare l'essenza del cristianesimo e assicurarsi che una religione più alta non è possibile e che ogni tentativo di pensarne una porta al superamento della religione. Un tale procedimento non ha alcun valore scientifico. Bisogna invece mostrare che i momenti essenziali della religione, messi in luce sopra, appartengono in modo insuperato al mondo religioso cristiano.

1. Il cristianesimo è sbocciato dal profetismo e in esso la religione profetica si realizza compiutamente. A quest'ultima appartiene la caratteristica esplicita del realismo. L'uomo profetico è un realista nato, che non vive in un mondo di pallidi concetti, ma in una realtà vitale. Egli vive nel mezzo della corrente vitale dell'essere ed è aperto a tutte le realtà dell'esistenza vivendole nella forma più intensa. Per questo anche la sua esperienza di Dio è talmente realistica[2]. Nel cristianesimo questo realismo ha trovato la sua espres-

---

[2] Cfr. il mio libro *Platonismus und Profetismus*, Reinhardt, München 1955[2], pp. 52 ss.

sione più elevata e squillante. La teologia cristiana connota Dio come *ens realissimum*, come la «realtà di tutte le realtà». Mentre le altre cose hanno semplicemente l'essere, egli è l'essere. Tommaso d'Aquino lo chiama l'*ipsum esse*. Se è vero che le cose finite partecipano semplicemente all'essere, così è vero anche che a lui appartiene la pienezza dell'essere. Il suo essere non ha limiti, egli è l'*ens infinitum*. Con queste ed altre determinazioni e distinzioni che si muovono ai livelli più alti della metafisica, la teologia cristiana cerca di descrivere la realtà di Dio in un modo che è il più possibile appropriato alla questione.

È un difetto essenziale dell'immagine di Dio cresciuta nella mistica radicale indiana quello di non avere tratti realistici. Il divino è certamente considerato anche in questo contesto come l'essere supremo, ma la sua caratterizzazione ontologica è minore. Il motivo consiste nel fatto che l'indiano ha una coscienza della realtà sviluppata in modo insufficiente. Siccome gli manca un'esperienza autentica della volontà, egli non ha un'esperienza piena della realtà, giacché quest'ultima essenzialmente riposa, come recenti teorie della conoscenza hanno dimostrato, su esperienze della nostra vita volitiva. Ad esse l'indiano non arriva perché il suo atteggiamento spirituale è unilateralmente contemplativo e in questa unilateralità della sua costituzione spirituale si trova la motivazione più profonda del fatto che la sua esperienza di Dio è così poco realistica. Ma se si è preso atto di questi nessi, non è più possibile porre sullo stesso piano i due tipi di esperienza religiosa, quella cristiana e quella indiana. Piuttosto, bisogna considerare quest'ultima come l'esponente di una coscienza della realtà insufficientemente formata.

2. Non soltanto la componente ontologica, ma anche quella assiologica dell'esperienza di Dio raggiunge nel cristianesimo la sua piena chiarezza. Come Dio per la teologia cristiana non ha l'essere, ma lo è, così egli non ha valore, ma è il valore.

Come è la realtà delle realtà, così è anche il valore dei valori. La stessa teologia che lo designa come *ens realissimum*, lo determina anche come *summum bonum* e, così facendo, essa non fa altro che poggiare su affermazioni basilari del Nuovo Testamento. La componente valoriale del divino è espressa in modo immediato dalla preghiera del Padre Nostro: «Sia santificato il tuo nome», una preghiera che ha poco della preghiera e molto della meditazione sull'elevatezza valoriale di Dio che costringe a inginocchiarsi e che si presenta nella forma della santità. Di conseguenza l'incontro con Dio nel Nuovo Testamento rappresenta soprattutto l'incontro con il Santo. È la santità di Dio che Pietro ha sperimentato, esclamando: «Signore, allontanati da me che sono un peccatore» (Lc 5, 8). La coscienza della propria indegnità e impurità era stata risvegliata in lui dall'esperienza del Dio santo che, per così dire, gli era venuto incontro in modo visibile nel suo Signore e Maestro che operava miracoli. Sulla stessa linea è il quarto evangelista quando fa pronunciare al Maestro che sta per accomiatarsi la preghiera, rivolta al Padre celeste, per la santificazione dei suoi discepoli: «Consacrali nella verità» (Gv 17, 17).

Se confrontiamo l'esperienza di Dio cristiana con quella mistica nella prospettiva del momento della santità, diventa subito evidente che questo momento nell'esperienza cristiana è messo in rilievo assai più fortemente. In modo molto più chiaro che in Plotino esso appare come un valore *sui generis*, che si distingue nettamente da tutti gli altri. Ciò vale anche per l'esperienza di Dio profetica. Soltanto che fra questa e quella cristiana c'è una differenza che non può essere tralasciata e che mostra quest'ultima come superiore. Abbiamo citato prima le parole del Levitico: «Siate santi, perché io, il Signore, Dio vostro, sono santo». Potremmo chiamare queste parole come l'imperativo più alto dell'Antico Testamento, di fronte al quale si trova l'imperativo più alto del Nuovo Testamento: «Siate dunque perfetti come è perfetto il Padre vostro celeste» (Mt 5, 48). Essi non si escludono, dal momento che l'imperativo dell'Antico Testamento potrebbe figurare nel Nuovo, sebbene quello neotestamentario significhi un adeguamento e un compimento di quello veterotestamentario che consiste, per così dire, nella traduzione della santità numinosa nell'elemento etico che qui viene presentato come perfezione morale. Con ciò, da una parte si proibisce lo sprofondamento del valore religioso nell'elemento semplicemente cultuale e mistico – un pericolo che minaccia tutte le religioni –, dall'altro esso viene reso fruttuoso per la vita e l'aspirazione morale dell'uomo. In questo modo la concezione del momento della santità nel Nuovo Testamento appare come il compimento e il coronamento dell'Antico.

3. Il divino, come abbiamo visto, è al tempo stesso immanente e trascendente. Entrambi i momenti appartengono alla sua essenza e se, nel loro rapporto polare, si sottolinea l'uno a discapito dell'altro, si distrugge l'idea religiosa di Dio. Così fa il deismo, sottolineando la trascendenza di Dio a spese della sua immanenza. Il Dio lontano dal mondo e incurante dei suoi avvenimenti del deismo non è il Dio di una religiosità autentica e intatta. Una coscienza religiosa genuina lo rifiuterà sempre. Al contrario, il panteismo mette unilateralmente in rilievo l'immanenza di Dio. Nella sua forma rigida esso dissolve completamente Dio nel mondo. *Deus sive natura*, così suona la formula del panteismo conseguente coniata da Spinoza, la quale indubitabilmente significa la distruzione dell'idea religiosa di Dio. Infatti il Dio reso identico al mondo non può essere oggetto di un atto religioso genuino, perché gli manca il momento più decisivo per la coscienza religiosa: quello della santità. La visione cristiana di Dio, evitando i due estremi del deismo e del panteismo, dà pienamente ragione di questi due momenti, quello della trascendenza e quello dell'immanenza. Dio è per

essa al tempo stesso sovramondano e intramondano: sovramondano nel suo essere, intramondano nel suo agire. Il Padre Nostro esprime entrambi i momenti in modo chiaro e bello. «Padre nostro che sei nei cieli», così lo invochiamo. Ma il Padre celeste governa e agisce nel mondo, che è lo scenario delle sue azioni, dove deve sorgere il suo regno e adempirsi la sua volontà. Egli è colui che dona agli uomini il loro pane quotidiano, rimette i peccati e li protegge dal male. Così, il mondo dipende dall'agire intramondano di Dio.

Che nell'idea cristiana di Dio trascendenza e immanenza siano legate deriva dal fatto che in essa il concetto di creazione è dominante. Dio è qui *creator coeli et terrae* e sono presenti entrambi gli elementi, la trascendenza nella misura in cui il creatore è separato da quello che crea e l'immanenza nella misura in cui ciò che crea è essenzialmente dipendente da lui. La creazione è dunque da pensare come *creatio continua*: il mondo viene nuovamente posto, per così dire, in ogni momento da Dio. La concezione deistica di Dio secondo la quale egli chiama il mondo all'esistenza con un atto irripetibile per poi ritrarsi da esso è dunque, fondamentalmente, un abbandono dell'idea cristiana di creazione. No, il Dio realmente creatore è colui che crea continuamente il mondo ed è perciò un Dio trascendente-immanente. La sua attività creativa è la forma della sua immanenza nel mondo.

Il concetto di creazione appartiene alle idee fondamentali della Bibbia. Il Nuovo Testamento lo ricava dall'Antico, anche se gli dà una nuova fondazione ancorandolo all'idea della salvezza, come mostra l'Epistola ai Romani: «Da lui, grazie a lui e per lui sono tutte le cose». Dio è dunque, al tempo stesso, l'origine e la meta del mondo e quest'ultimo esiste per glorificarlo, ovvero in vista dell'instaurazione in esso del dominio di Dio. Il punto finale della salvezza cristiana si chiama «regno di Dio», che può essere realizzato soltanto se Dio è il creatore del mondo. Soltanto se il mondo è da lui e per mezzo di lui, può anche essere per lui. Con ciò il concetto di creazione viene, per così dire, fondato in modo nuovo: «Il Dio cristiano, in forza dell'idea cristiana stessa di salvezza, è per forza di cose creatore del mondo. Poiché tutte le cose sono per lui, poiché tutte le cose e non soltanto le singole anime sono per lui, allora esse devono anche essere per mezzo di lui e a partire da lui. Qui la natura creatrice di Dio non deriva soltanto dall'assoluta dipendenza, ma dal *telos* della creazione, il divenire luogo e scenario dell'onore di Dio nel suo Regno»[3].

Questa prospettiva significa una sublimazione dell'idea di immanenza, dal momento che tramite essa il mondo acquista una fortissima accentuazione di valore: «Il Dio di Israele e ancor più il Dio della Nuova Alleanza pone e crea questo mondo dotandolo di un valore infinitamente grande che nemmeno la caduta e il diavolo potranno mai rubargli e cioè il valore di un'incomparabile destinazione: quella di essere teatro e oggetto non di un'autorealizzazione di Dio, ma della realizzazione del proprio onore, cioè della gloria di Dio alla fine dei tempi, nel compimento finale di cui egli sarà autore»[4]. Così considerata, la religione cristiana appare come la religione della «benedizione del mondo», laddove la religione mistica è quella dell'«allontanamento dal mondo». Nelle religioni indiane della redenzione questo tratto emerge nella maniera più chiara possibile: «L'India non riconosce al mondo un autentico valore, perché non gli riconosce alcun *telos*»[5]. Ma anche in Plotino il mondo non possiede alcuna accentuazione di valore positiva. Anch'egli predica il disprezzo del mondo e la fuga da esso. La religione per lui è φυγὴ μόνου πρὸς μόνον, fuga del

---

[3] Rudolf Otto, *Indiens Gnadenreligion und das Christentum*, Klotz, Gotha 1930, p. 54.

[4] *Ivi*, p. 53.

[5] *Ivi*, p. 52.

singolo verso l'Uno, così suona la sua celebre formula. Ora, non si può tralasciare che ogni autentica religione racchiude in sé una certa parte di negazione del mondo. In ogni atto religioso genuino la nostra coscienza trascende il mondo e ogni atto spirituale che si indirizza a Dio contiene, in certa misura, un «no» al mondo. Ma mentre la coscienza mistica persiste in questo «no», la coscienza religiosa di tipo cristiano lo oltrepassa nell'affermazione del mondo. Dopo aver trovato Dio nel trascendimento del mondo, essa si volge nuovamente al mondo, per cui all'allontanamento dal mondo fa seguito un ritorno a esso. Quest'ultimo passo non è compiuto dalla religione mistica e così ci sarà lecito affermare che anche sotto questo profilo il cristianesimo rappresenta la religione compiuta.

4. Come l'intuizione cristiana di Dio supera la contrapposizione fra trascendenza e immanenza in una sintesi superiore, così accade anche per la concezione personale e impersonale del divino. Che il Dio del Nuovo Testamento sia persona non ha bisogno di dimostrazione alcuna: già la preghiera del Padre Nostro lo indica per il fatto che l'orante si rivolge a un essere personale. L'Io dell'uomo sta di fronte a un Tu divino. Con ciò si utilizza un concetto di personalità che oltrepassa dal punto di vista del contenuto quello ontologico e che per distinguerlo da questo potremmo chiamare psicologico. La vita interiore di Dio viene infatti qui pensata in analogia a quella spirituale umana, per cui Dio viene rappresentato come un essere pensante e senziente, dotato di volontà e di azione, in grado di ascoltare e di parlare. Ma per una coscienza religiosa raffinata tutto questo non è un insopportabile antropomorfismo? Alla domanda si dovrebbe rispondere affermativamente se qui si avesse a che fare con un semplice trasferimento della struttura personale umana a Dio. Ma la teologia cristiana sottolinea con forza che non si tratta di questo. Come tutti i concetti che applichiamo a Dio, anche quello di personalità ha soltanto il valore di

un simbolo. Esso rimanda alla realtà di Dio, senza volerla restituire adeguatamente. Il suo senso non consiste tanto nell'offrire una descrizione quanto un orientamento, un orientamento per il nostro pensiero che cerca Dio volendone determinare la natura. Quest'ultima è superiore a tutti i concetti umani e lo è anche a quello della personalità. Anche in riferimento a esso egli è il «totalmente Altro» ed è per questo che noi possiamo designarlo come sovrapersonale. Tuttavia, poiché la personalità rappresenta la forma più alta dell'essere che noi conosciamo, essa ci offre il punto di appoggio relativamente migliore per la determinazione della natura di Dio ed è per questo che possiamo designarlo come personale. Il Dio cristiano è dunque personale e sovrapersonale nel medesimo tempo.

Nella lotta contro il concetto impersonale di Dio del monismo e del panteismo moderni l'apologetica cristiana è incorsa ancora una volta nell'errore di identificare l'idea cristiana di Dio con il concetto personalistico del teismo filosofico. Con ciò essa ha sorvolato sul fatto che nel Nuovo Testamento si trovano molteplici affermazioni su Dio e sul rapporto con l'uomo che vanno oltre una concezione unilateralmente personalistica. Ciò vale anzitutto per la più centrale fra esse e cioè: Θεὸς ἀγάπη ἐστίν, Dio è amore. Con ragione Otto ha messo in rilievo che di solito non cogliamo la singolarità di questa espressione: «Soltanto colui che ama può essere persona in senso stretto. Ma il Dio che è amore, che si effonde come amore e che diventa l'amore con cui i cristiani amano, è ancora di più»[6]. Questa componente sovrapersonale del divino è espressa anche dalla parola dell'Apostolo: Κύριος ἐστὶν πνεῦμα, Il Signore è spirito. Il

[6] Rudolf Otto, *Das Gefühl des Überweltlichen*, Beck, München 1932, p. 270.

*Kyrios Christos* in quanto tale è personale, e Paolo ha avuto con lui le più profonde relazioni personali. Ma esse non potrebbero essere state così profonde, se egli fosse stato soltanto personale. Soltanto se egli è pensato come πνεῦμα, che abita nell'anima e penetra e riempie le sue profondità, è possibile una definitiva fusione mistica con lui. Lo stesso senso hanno le immagini sovrapersonali del divino come luce e vita, che tornano sempre nel vangelo di Giovanni. Così, bisogna dire che il Dio del Nuovo Testamento è «più che Dio»[7].

L'antica contrapposizione tra la concezione personalistica e quella non-personalistica del divino trova dunque nell'idea cristiana di Dio il suo equilibrio. Questa idea sorge sul terreno del profetismo e quindi in ambito personalista, ma si innalza nella sfera di un sovrapersonalismo che si abbevera alle più profonde sorgenti religiose. Malgrado la sua struttura di base sia personalista, nell'idea cristiana di Dio le tendenze contrarie hanno il loro pieno valore. Anche sotto questo punto di vista essa sembra dire la parola definitiva sulla questione di Dio.

5. I momenti essenziali del divino che abbiamo menzionato per ultimi hanno a che fare fortemente con la sua caratterizzazione valoriale e ne mettono in rilievo la struttura polare. Il divino racchiude un momento repulsivo e uno attrattivo, è *mysterium tremendum* e *fascinosum*. Entrambi i momenti sono presenti nell'idea cristiana di Dio con la stessa forza. Né l'uno è affievolito dall'altro, né l'altro si accresce a spese dell'uno. Se nell'esperienza mistica di Dio, come ha mostrato Plotino, dovevamo registrare un indebolimento del *mysterium tremendum*, ciò non ha affatto luogo in quella cristiana. Dio è qui il *mysterium tremendum* nel

[7] *Ivi*, p. 68.

senso pieno della parola. È il Dio santo e giusto, inavvicinabile e maestoso, irato e vendicativo. Il Nuovo Testamento in questo senso è del tutto in linea con l'Antico, ma mentre qui il *mysterium fascinosum* è più o meno in secondo piano rispetto al *mysterium tremendum*, nel Nuovo Testamento essi hanno il medesimo rilievo. Il Dio santo appare a un tempo come grazioso, accondiscendente nella sua maestà, e come colui che nell'ira e nella vendetta è compassionevole. Questa paradossalità che costituisce il segreto più intimo dell'intuizione cristiana di Dio non può essere compresa, ma soltanto espressa simbolicamente. Il suo simbolo è la croce sul Golgota, dove i due aspetti si rivelano entrambi: la giustizia e l'amore di Dio. La croce significa al tempo stesso giudizio e grazia, giudizio sul peccato e grazia per il peccatore che si trova sotto giudizio e fa penitenza. In questo modo la croce rivela il Cristo che è santo e grazioso:

«Wer zum Kreuze glaubend tritt,
Wo er hanget, frech geschändet,
Über wen das Auge glitt,
Dessen, der sich selbst verpfändet,
Wird es inn' und glaubt es frei,
Daß der Heil'ge gnädig sei!»[8].

Di fatto, non potremmo credere al paradosso che il Santo sia grazioso, se egli non si fosse mostrato a noi in Cristo come grazioso. Il senso più profondo dell'evento di Cristo si manifesta nelle parole dell'Apostolo: «Apparuit gratia Dei salvatoris nostri omnibus hominibus. Christus». Egli è il volto del Padre rivolto verso di noi, la sua parola di amore

---

[8] Chi con fede si avvicina alla croce / dalla quale egli pende con grande disonore / e getterà l'occhio / su colui che ha dato in pegno se stesso / capirà e crederà liberamente / che il Santo è grazioso [*ndt*].

pronunciata all'umanità perduta, la mano che egli ha steso verso ognuno di noi. Abbiamo soltanto bisogno di afferrare questa mano per essere riconciliati con Dio. Per essere redenti abbiamo soltanto bisogno di aprire la nostra anima alla ἀγάπη τοῦ θεοῦ, all'amore di Dio che ha preso forma in Cristo, e di farlo fluire in essa. Abbiamo soltanto bisogno, in una parola, di credere che rinasceremo a nuova vita: «Chi crede in me ha la vita eterna» (Gv 6, 47).

Stare nella *nova vita* che è una *vita aeterna*, significa essere redenti dalle forze malvagie dell'esistenza, dal peccato, dalla sofferenza, dalla morte. Chi ha trovato il Dio grazioso, nel cui cuore «l'amore di Dio è stato riversato» (Rm 5, 5), vive di questo amore di Dio. Egli vive nel perdono, ha la sacra certezza che i suoi peccati sono cancellati di fronte agli occhi di Dio come mai lo erano stati, è redento dal peccato non soltanto per il passato, ma anche per il presente e il futuro. Si sente così al riparo dell'amore di Dio da poter esultare con l'Apostolo: «Chi ci separerà dunque dall'amore di Cristo? Forse la tribolazione, l'angoscia, la persecuzione, la fame, la nudità, il pericolo, la spada? Proprio come sta scritto: "Per causa tua siamo messi a morte tutto il giorno, siamo trattati come pecore da macello". Ma in tutte queste cose noi siamo più che vincitori per virtù di colui che ci ha amati. Io sono infatti persuaso che né morte né vita, né angeli né principati, né presente né avvenire, né potenze, né altezza né profondità, né alcun'altra creatura potrà mai separarci dall'amore di Dio, in Cristo Gesù, nostro Signore» (Rm 8, 35 ss.).

Colui che rinasce a nuova vita oltre a essere liberato dal peccato è liberato anche dalla sofferenza e dalla morte. In forza dello spirito della rinascita egli compie quella «donazione di senso all'insensato» che trasforma ogni oscurità in luce e ogni sofferenza in forza e benedizione. Croce e sofferenza sono per lui doni del Padre, un segno della sua elezione e della sua grazia. Al tempo stesso rappresentano un mezzo eccellente per la perfezione, come dice Meister Eckhart: «Il destriero più veloce che ci porta alla perfezione si chiama sofferenza». La sua fede nel Padre domina tanto le ombre della sofferenza, quanto l'oscurità della morte. Egli confida incrollabilmente nel fatto che Dio gli si mostrerà come Padre anche quando i suoi occhi vedranno la morte e il sole della sua esistenza terrena tramonterà. Egli può intonare dal profondo del cuore la lode che fu del poverello di Assisi: «Tu sia lodato, o mio Signore, per nostra sorella morte!».

Essere cristiani, come abbiamo visto, significa lasciar scorrere nell'anima l'amore di Dio. Ma tanto più l'amore scorre nell'anima, quanto più essa vuole scorrere in una doppia direzione: quella verticale e quella orizzontale. Colui che è afferrato e colmato dall'amore di Dio non può far altro che amare a sua volta Dio. Il suo fine supremo è di assolvere in modo sempre più fedele alla volontà di Dio, di uniformare la propria volontà a quella divina e diventare così sempre più simile a Dio.

«Je mehr das Herz des Vaters Liebe schmeckt,
Je mehr wird es zur Heiligkeit erweckt»[9].

Il suo amore, però, non si estende soltanto in altezza, ma anche in larghezza. Esso comprende tutto ciò che porta un volto umano, perché sa che

«Alle Bruder sein,
Alle helfen, dienen,
Ist, seit Er erschienen,
Ziel allein» (Christian Morgenstern)[10].

---

[9]   «Tanto più il cuore l'amore di Dio gusterà, quanto più esso sarà risvegliato per la santità» [ndt].

[10]   «Essere tutti fratelli, aiutarsi e servirsi, da quando Egli è apparso, è l'unico fine» [ndt].

Abbiamo con ciò delineato l'ideale religioso che forma il nocciolo della «buona novella» di Gesù e che il Nuovo Testamento chiama «figliolanza di Dio». Chi è stato toccato nella profondità dell'anima dallo splendore di questo ideale e lo ha realizzato secondo le disposizioni più alte e sante del suo essere interiore – anche qui valgono le parole «chi opera la verità viene dalla luce» (Gv 3, 21) – sa che un ideale più alto non c'è e non può esserci. Egli può anche appartenere a una specie che è impigliata in tutti i tipi di bisogno che sono propri dell'esistenza umana, e può anche incontrare nella vita e nella storia altri ideali, ma tutto questo non può scuotere quella certezza di fondo di cui la sua anima vive nel profondo:

«Ich habe nun den Grund gefunden,
Der meinen Anker ewig hält»[11].

E anche lo scienziato che è in lui può dare il suo accordo a questa confessione, dopo essersi reso conto che l'essenza della religione ha trovato qui la sua realizzazione definitiva.

Mi sia permesso riassumere le mie considerazioni, che nelle ultime pagine hanno avuto più il carattere di una meditazione religiosa che di una trattazione scientifica, restituendo in modo sinottico il mondo cristiano dei valori. Mi avvalgo per ciò di quello che il teologo protestante Paul Mezger scrive nel suo breve ma altamente apprezzabile testo sulla assolutezza del cristianesimo: «Secondo l'intuizione cristiana di Dio l'essere di Dio è assolutamente sovramondano, ma è anche una forza che ha potere sul mondo e lo governa. Questa forma di soprannaturalismo cristiano, per quanto possa apparire insufficiente dal punto di vista teore-

---

[11] «Ora ho trovato il fondo su cui gettare in eterno la mia ancora» [*ndt*].

tico, evita nei rapporti fra Dio e mondo le due unilateralità, entrambe false, del deismo che separa Dio dal mondo e del panteismo che invece lo identifica con il mondo e unifica i due momenti essenziali della trascendenza divina e dell'immanenza in una prospettiva religiosa in ogni caso insuperabile. Il Dio soprannaturale e onnipotente è concepito dai cristiani come personalità spirituale perfettamente etica e anche a questo riguardo la concezione cristiana di Dio risulta insuperabile. Nella legge morale si fa incontro all'uomo in forma incondizionata un elemento normativo che è assoluto. Chi vi si sottomette si eleva al valore incondizionato della personalità. Questa è una grandezza incondizionata e la forma più elevata della vita spirituale; non c'è al di là del bene e del male nulla che sia più elevato, e ogni sovrapersonalità sprofonda nell'assenza dell'elemento personale o nella sua degradazione; per questo la rappresentazione del Dio personale come santo e dotato di perfetta buona volontà è qualcosa di assolutamente elevato. La bontà etica di Dio si è rivelata al cristiano come pura volontà di amore e questi crede in Dio come al suo padre amorevole. Il rapporto religioso del cristiano con Dio possiede con ciò il carattere della comunità etica di amore tra padre e figlio. Una vera comunità di amore coincide però con la più alta e intima comunità di vita fra personalità spirituali. Nella vicendevole dedizione incondizionata all'amato si realizza con lui una piena fusione spirituale, nella quale il proprio Sé viene conservato e che al tempo stesso, nel dare e nel prendere, si arricchisce e si ricolma di felicità in modo sempre nuovo. Una comunità con Dio più elevata è impensabile per un essere spirituale. La tanto famosa fusione mistica con Dio conduce a perdere se stessi, a sprofondarsi nella divinità e perciò nel regno dell'impersonale. L'amore divino si dimostra invece compassionevole verso la miseria dell'uomo, la sua colpa e il suo peccato ed è grazioso con il peccatore pur giudicando il peccato. L'onnipotenza della grazia redentrice, che supera anche la morte, scende nella profondità delle tribolazioni umane e conduce l'uomo alla perfezione della sua disposizione spirituale e all'eterna comunità di vita del Figlio di Dio con il Padre, così come alla compiuta comunità di amore fra i figli di Dio nel regno di Dio. Libero da ogni legalismo e estrinsecismo, in grado di superare sia la fuga dal mondo che la felicità mondana, sintesi perfetta di individualismo e socialismo universalistico, il cristianesimo, con la sua spiritualità e interiorità pure, possiede la capacità di vivere in tutti i rapporti culturali possibili, di adattarvisi, di penetrarli e di santificarli salvandoli dal disfacimento. Nessuna nuova cultura è pensabile senza che essa realizzi una sintesi perfetta con il cristianesimo. Così il cristianesimo, in quanto *la* religione dello spirito, è la religione compiuta dell'umanità, oltre la quale non è pensabile andare, né per il singolo, né per la comunità, eccetto per colui che non vuole superare il rapporto cristiano con Dio, ma vuole soltanto approfondirlo. Il cristiano vive della convinzione che nel suo rapporto di figliolanza con Dio egli possiede l'eterno bene che Dio ha concesso agli uomini e questa convinzione si riflette nel sentimento specificamente cristiano della pace, della gioia e della perfezione»[12].

[12] Paul Mezger, *Die Absolutheit des Christentums und die Religionsgeschichte*, cit., pp. 40 ss.

# Capitolo terzo

# Considerazione
# sulla filosofia dei valori

### 1. *Il cristianesimo e la coscienza etica del valore*

La nostra considerazione fenomenologica ha avuto come risultato che il cristianesimo può essere considerato, con buone ragioni, la pienezza essenziale della religione. Intenzionalmente diciamo «può» e non «deve», poiché dalla riflessione di tipo gnoseologico ci è risultato chiaro che nelle valutazioni o nei giudizi di valore non si può in alcun modo parlare di una necessità concettuale. L'affermazione che il cristianesimo è la pienezza essenziale della religione non sopporta alcuna prova logicamente stringente, poiché si tratta di una valutazione che deriva da radici di tipo religioso, di una convinzione valoriale fondata nella fede cristiana. La possibilità di una fondazione razionale è in questo modo assolutamente esclusa. Una tesi che non è in grado di produrre una prova stringente può essere sostenuta, però, attraverso ragioni oggettive, e appunto di una simile fondazione si trattava nelle considerazioni precedenti.

Queste si sono concentrate completamente sulla coscienza religiosa. Poiché però la coscienza religiosa è in stretta connessione con le forme profane della coscienza umana dei valori, è ovvio inserire anche queste ultime all'interno delle nostre considerazioni. Dovesse risultare che il cristianesimo si legittima in modo compiuto anche come la legge di senso della coscienza valoriale profana, allora avremmo acquistato un ulteriore e significativo punto di appoggio per la nostra tesi. Poiché, secondo la convinzione di tutti gli esperti, i valori etici rivestono un certo primato nella coscienza umana e il loro legame con i valori religiosi risulta particolarmente stretto, appare d'obbligo prenderli in considerazione.

La via che con ciò imbocchiamo non è certo nuova. Per mostrare la singolarità della religione cristiana si è già ricorsi in molti modi alla coscienza etica. Ritschl e la sua scuola hanno cercato di dimostrare che il cristianesimo è la religione compiuta a partire dall'etico e in questo tentativo non sempre hanno evitato il pericolo di un'eticizzazione del suo contenuto essenziale. Ma anche teologi di orientamento totalmente diverso hanno intrapreso questa strada. Si pensi soltanto ad Albert Schweitzer, per il quale il contenuto etico decide dell'essenza intima di una religione, tanto che la grande domanda da rivolgere a ogni religione è «in che misura in essa si danno impulsi duraturi e profondi che spingono al compimento interiore di sé e all'agire etico»[1]. «Il criterio definitivo da cui essa dipende è se, in modo autentico e vitale, sia etica»[2]. In questa prova decisiva, secondo Schweitzer, le «religioni logiche» dell'Oriente falliscono, ma non il cristianesimo che è espressamente una «religione etica» e che proprio per il suo contenuto etico risulta come la religione più compiuta.

Sulla unilateralità e insufficienza di un simile modo di considerazione e di valutazione non c'è veramente da spendere alcuna parola. Non il contenuto etico, ma quello genuinamente religioso decide del valore di una religione, essendo il criterio definitivo che possiamo attribuirgli. La concezione di

---

[1] Albert Schweitzer, *Das Christentum und die Weltreligionen*, Beck, München 1923, pp. 23 ss.
[2] *Ivi*, p. 49.

Schweitzer comporta una radicale eticizzazione della religione e perciò un disconoscimento e uno stravolgimento della sua essenza più intima. Essa si fonda sull'indebita estensione di un punto di vista in sé corretto e cioè nella considerazione della religione dal punto di vista della coscienza etica. Quando Schweitzer opta per una simile prospettiva, vediamo che egli si pone sulla stessa via in cui pensiamo di porci noi. L'intenzione che in lui appare esagerata e completamente sviata viene correttamente compresa e formulata da Gustav Mensching. Secondo quest'ultimo l'elevatezza valoriale di una religione dipende da un lato «dalla misura più o meno grande dell'intuizione religiosa», dall'altro «dal collegamento presente o meno della vita religiosa con l'agire etico»[3].

Se consideriamo il cristianesimo sotto quest'angolo di visuale, lo giudichiamo secondo un criterio che è di natura più neutrale e la cui oggettiva validità è riconosciuta anche da coloro che sono inclini a considerare il criterio puramente religioso come esclusivamente soggettivo. Proprio in ciò consiste il significato della nostra meditazione sulla filosofia dei valori, e cioè nel fatto che a essa appartiene un più alto criterio di universalità. Per adeguarsi a esso il più possibile cerchiamo di rendere chiari al massimo i passaggi logici della nostra riflessione.

1. Il cristianesimo considera l'etica come una grandezza autonoma. La vita morale, secondo la visione cristiana, ha le proprie leggi di senso che sono essenzialmente diverse da quelle della vita religiosa. Il fenomeno etico vale come *phaenomenon sui generis*, sia per quanto riguarda il suo aspetto oggettivo che soggettivo. Il mondo morale ha i suoi contenuti particolari. I valori del bene non coincidono né con quelli del

---

[3] Gustav Mensching, *Das Christentum im Umkreis der Weltreligionen*, cit., p. 7.

vero e del bello, né con quelli del sacro, ma rappresentano una particolare sfera valoriale. Le norme morali che da essi scaturiscono sono pertanto *sui generis*. Esse non hanno a che fare né con le norme logiche, né con quelle estetiche e nemmeno con quelle religiose di qualsiasi tipo. Il mondo morale è un mondo a sé e a esso, da parte del soggetto umano, corrisponde una particolare disposizione che è la facoltà morale. Questa include due cose: da una parte la facoltà di conoscere i valori morali, dall'altra la facoltà di realizzarli. L'una è identica con la coscienza, l'altra con l'autodeterminazione dell'Io o con la libertà del volere umano. Attraverso la prima entriamo in contatto con il mondo dei valori morali e li comprendiamo; attraverso la seconda assolviamo a essi nell'esigenza che contengono e li realizziamo. Così, l'elemento morale rappresenta sia sotto il profilo oggettivo che soggettivo un mondo spirituale totalmente autonomo e singolare. Esso possiede una piena autonomia.

Tanto meno la teologia cristiana raggiunge questa autonomia, quanto meno è in grado di scorgere in essa il fondamento ultimo e più profondo per il valore della moralità. Essa è piuttosto dell'opinione che il mondo della moralità rimandi oltre se stesso e la sua realizzazione riposi su presupposti che di per sé non è in grado di assicurare. È infatti evidente che i valori del bene morale possono essere realizzati soltanto in un mondo che si dia cura per il bene, ma questo presuppone che anche il fondamento del mondo sia di natura morale e che il principio ultimo del suo essere sia al tempo stesso un principio morale. Con ciò tuttavia l'etica si indirizza verso l'idea religiosa di Dio e diventa chiaro che soltanto la religione può rappresentare il fondamento ultimo per la realizzazione della moralità. In altri termini: l'idea di Dio come garante della moralità appare come il necessario coronamento e compimento dell'etica. Nella misura in cui però il *nomos* morale è posto in relazione con il *theos* della religione, l'autonomia etica viene superata dalla teonomia. Questo non significa affatto un toglimento dell'autonomia: «La teonomia è soltanto il venire alla luce dei presupposti religiosi contenuti nella stessa idea di autonomia» (Ernst Troeltsch). Autonomia e teonomia rappresentano due modi di considerazione che si completano a vicenda. Il mondo morale, che a partire da una prospettiva etica appare come una sfera del valore che riposa in se stessa, si presenta dal punto di vista religioso come irradiamento di un centro etico personale. Il concetto di teonomia sorge dunque nel momento in cui la visione etica della moralità viene superata da quella religiosa. Chi ha preso atto di ciò non può che considerare l'affermazione ripetuta di una esclusione fra autonomia e teonomia, come se fra loro esistesse un'«antinomia», non come sensata ma come insensata. Chi invece la approva, dimostra con ciò di non essere in grado di concepire quel rapporto correttamente e di norma ciò dipende dal fatto che per lui il mondo religioso è una terra incognita le cui leggi di senso egli comprende ancor meno di quanto un bambino non faccia con le leggi di natura.

Secondo la concezione cristiana la moralità si spinge oltre se stessa non soltanto nel suo lato oggettivo, ma anche soggettivo. L'uomo infatti possiede una capacità morale che lo mette in condizione di realizzare il valore morale, facendo il bene ed evitando il male. Ma se si deve arrivare a una realizzazione duratura e sicura del bene, a una realizzazione anche in condizioni difficili esteriormente e interiormente, allora ciò è possibile soltanto se l'uomo è in qualche modo sostenuto da forze superiori, da forze che soltanto la religione può comunicare. Senza toccare la capacità morale dell'uomo in quanto tale, la teologia cristiana sottolinea la necessità di un apporto di forze che provengono da una fonte trascendente, grazie alle quali può essere assicurata la vittoria del bene sulle forze avverse del mondo e sulle tendenze ostili alla natura umana. E per questa concezione essa non può richiamarsi che alla testimonianza univoca della storia e dell'esperienza morale.

Dio è perciò il garante della moralità, non soltanto dal punto di vista oggettivo, ma soggettivo. In ultima istanza si tratta qui di ciò che la religione cristiana chiama «grazia». Il Dio che essa annunzia è un Dio della grazia. Nella sua misericordia graziosa egli si abbassa verso la creatura per farla partecipare della propria vita. L'anima afferrata e colmata da questo ἀγάπη τοῦ θεοῦ non può far altro che amare a sua volta Dio. L'amore di lui si risolve nella risposta di amore dell'anima e tanto più quest'ultima si sa amata da lui, quanto più è spinta a corrispondere a questo amore.

«Von deiner Liebe sanft und still gezogen,
Neigt sich mein Alles auch zu dir»[4].

Nell'esperienza dell'*agape* divino si accende sempre di nuovo un amore di Dio che dà come effetto l'inesausta aspirazione ad assomigliare a Dio. Ma questo significa per l'uomo una rinascita interiore, giacché egli sta ora nella corrente salvifica della vita nuova che comprende entrambe le cose: la cancellazione della colpa del peccato attraverso la grazia del perdono e la rottura della forza del peccato attraverso la grazia salvifica. Nelle decisioni concrete dell'uomo c'è ancora una ricaduta, dettata da fattori negativi di tipo interiore ed esteriore, rispetto all'ideale morale. Ma non c'è più una rottura con esso, una decisione contro il bene e perciò contro Dio: «Chiunque è nato da Dio non commette peccato, perché un germe divino dimora in lui, e non può peccare perché è nato da Dio» (Gv 1, 3-9). Il problema dei problemi, la questione «come posso realizzare l'esigenza morale, come posso pervenire a una realiz-

---

[4] «Attratto dolcemente e quietamente dal tuo amore, anche tutto il mio io si rivolge verso di te» [*ndt*].

zazione duratura e certa del bene» ha trovato con ciò la sua soluzione finale.

Nel momento in cui il rappresentante dell'etica autonoma rifiuta una sopravvalutazione dell'etica attraverso l'idea di Dio, egli rifiuta anche quella che ha luogo attraverso l'idea della grazia. È comprensibile che gli spiriti per i quali una teoria etica si dà anzitutto come chiusa in se stessa respingano il tentativo di oltrepassare i confini dell'etica. Diverso è il caso dell'uomo che non si pone sul piano della grigia teoria, ma su quella della vita concreta di cui avverte il caldo respiro e di cui contrasta le forze demoniche. Egli non si accontenta di una teoria soddisfacente dal punto di vista logico, ma ha bisogno di accedere a quella fonte che trasforma la sua impotenza in forza e la debolezza in potenza. Egli sa così che soltanto in questo modo è in grado di adempiere alla pienezza della legge morale che, in tutta la sua sublime maestà, sta di fronte al suo occhio interiore. È proprio perché i puri teoreti si danno scarsa premura per questo adempimento che rimane loro nascosto quanto poco la teoria sopporti un confronto con le realtà della vita concreta: «Coloro che parlano di una forza e di una virtù che all'uomo bastano per se stesse non hanno mai provato seriamente a diventare virtuosi. La virtù essi la conoscono dai libri, dalle immagini fantastiche, dai discorsi e dai racconti, ma non da una seria lotta fatta contro il mondo e la carne. Così capita che si persuadano che all'uomo sia necessario soltanto volere veramente perché tutto questo avvenga e così credono che sia sufficiente risolversi soltanto una volta per la fiducia nella virtù per averla effettivamente. Ma questa è soltanto una vana immaginazione, un superbo auto-accecamento prodotto dalla mancanza di ogni reale sforzo morale nei confronti di se stessi»[5].

[5] Johann Baptist Hirscher, *Kleinere Schriften*, Hermann Rolfus, Freiburg 1868, p. 227.

2. Nella misura in cui il cristianesimo riconosce l'*ethos* e la religione come due grandezze distinte esso ha anche cura di operare fra loro un collegamento interno e organico evitando così un duplice rischio in cui altre religioni sono incorse. Il primo consiste in quella confusione che chiamiamo moralismo e che ci si presenta nelle religioni legalistiche. Per queste il divino deve essere completamente considerato e determinato a partire dal piano morale. Dio è per esse una legge morale ipostatizzata, il portatore e il fondatore di un ordine morale. Di conseguenza il comportamento religioso consiste essenzialmente in prestazioni di tipo morale. L'uomo religioso considera come suo autentico compito vitale quello di osservare in tutto e per tutto la legge divina. Servire Dio per lui significa obbedire ai suoi comandamenti e i motivi di ciò consistono nella speranza della ricompensa promessa e nella paura del castigo minacciato. La religione appare così, nella sua essenza, come un condensato di richieste morali. Certamente contiene anche altri elementi (preghiera e culto), ma questi ultimi sono completamente al servizio di quello morale dal momento che vogliono porre l'uomo nella condizione di adempiere alle prestazioni morali richieste dalla religione. Qui il fine è di tipo morale e il fine religioso è soltanto il mezzo per raggiungere quest'ultimo.

Che questo moralismo, la cui manifestazione più pura è costituita dalla religione ebraica, sia un disconoscimento e uno stravolgimento della essenza più intima della religione è un fatto di cui san Paolo ha avuto una conoscenza decisiva. La grande esperienza che egli ha avuto del Cristo gli ha fatto guardare al mondo della religione con occhi nuovi, riconoscendo che il suo punto centrale non è la legge, ma la grazia. La morale esige, la religione dona. Essa non presuppone nell'uomo nient'altro che l'interiore disposizione a lasciar che Dio gli conceda grazia. Questa disposizione si chiama fede ed è l'unica via per la salvezza: «Noi riteniamo infatti che l'uomo è giustificato per la fede indipendentemente dalle opere della legge» (Rm 3, 28).

Con questo il moralismo è definitivamente superato. Esso è smascherato come un difetto e una falsificazione della essenza più intima della religione. Nondimeno esso ha cercato in seguito di penetrare all'interno della fede cristiana. Nel tardo medioevo lo spirito delle religioni legalistiche ha fatto nuovamente la sua comparsa nel cattolicesimo. A esso si contrappose Lutero che rinnovò l'annunzio di Paolo inasprendolo al punto da scuotere gli spiriti. La formula che così nacque del *sola fide* costituiva la più forte antitesi del moralismo. Il suo fondamento teologico sta nella dottrina del peccato originale che da Lutero è stata in ogni caso inasprita. Con essa si può convenire soltanto se non la si comprende nel suo senso letterale, ma in quello più profondo. Se è falso sostenere la totale corruzione della natura umana in senso morale, così come Lutero fa in molti luoghi, è invece giusto sostenerla nel suo senso religioso. Di fronte al Dio santo, ogni creatura è profana, peccatrice. Si tratta di una peccaminosità che non è superata per mezzo della perfezione morale, poiché anche l'uomo moralmente più perfetto è e rimane di fronte alla santità di Dio un peccatore. La santità numinosa e la perfezione morale sono essenzialmente diverse. Colui che è perfetto dal punto di vista morale non ha alcun motivo per gloriarsi della sua perfezione e andarne fiero. Anch'egli è in tutto e per tutto rimesso alla grazia di Dio. Infatti la santità che di fronte a Dio vale come fine ultimo non se la può dare da solo, ma la può ricevere soltanto da Dio, giacché non è il frutto di prestazioni morali, ma il dono della grazia divina. Così anche per lui, come per tutti, la salvezza consiste esclusivamente nella grazia. Al *sola fide* corrisponde il *sola gratia* e con ciò il moralismo è fondamentalmente superato.

L'altro pericolo che il cristianesimo evita è il misticismo. Con questo termine intendiamo quell'estremizzazione della mistica che svaluta tutti i valori che non sono religiosi, e in particolare il valore proprio dell'etica. Come per il moralismo la religione diventa il mezzo per conseguire il fine morale, così, al contrario, per il misticismo la morale è un semplice mezzo per una finalità religiosa. Questa concezione che è possibile incontrare, qua e là, anche nella mistica cristiana, ha trovato la sua conseguente realizzazione nelle religioni della redenzione indiane. Come abbiamo visto precedentemente, alla struttura dello spirito orientale appartiene la profonda convinzione che l'elemento etico giochi un ruolo del tutto secondario. Il suo atteggiamento unilateralmente contemplativo fa sì che la sfera della volontà e con essa la vita e l'aspirazione morale dell'uomo non abbiano i diritti che spettano loro. Questo spiega perché l'elemento etico non venga concepito e apprezzato come un valore autonomo. Esso vale soltanto come gradino preliminare della religione, come preparazione dell'anima per l'unificazione di Dio: «La mistica conseguente riconosce all'etica soltanto un significato provvisorio, pedagogico. Poiché per essa l'etico è qualcosa di provvisorio e preliminare, l'uomo pio che aspira all'Altissimo deve lasciare dietro di sé il regno dei valori morali; egli deve superare il volere che è indirizzato a concreti valori e compiti etici tanto quanto il volere dettato da impulsi; egli deve rinunciare tanto alle sacre opere dell'autodisciplina e dell'amore del prossimo, quanto alle azioni o alle inazioni mondane [...]. Alla sommità del congedo mistico da tutte le cose e nella visione di Dio il regno dei valori morali è tramontato. Il perfetto sta al di là del bene e del male. Bene e male per lui hanno cessato di esistere. Dove l'amore è, bene e male sono scomparsi»[6].

Moralismo e misticismo sono due concezioni unilaterali e manchevoli dell'etica. Quello comporta una sopravvalutazio-

---

[6] Friedrich Heiler, *Das Gebet*, Ernst Reinhardt, München 1921[4], p. 270.

ne, questo una sottovalutazione dell'etico. Là il valore etico si accresce fino a diventare l'unico valore dominante, qui viene spogliato del suo carattere di valore autonomo per diventare un semplice valore strumentale. La visione cristiana evita entrambi gli estremi. Per essa il bene morale ha valore in sé e ha perciò i caratteri di un valore autonomo. Nel medesimo tempo sta però in strettissima relazione con il sacro, dal quale riceve, oggettivamente e soggettivamente, la sua fondazione e assicurazione ultima. Con ciò potrebbe essere detta la parola definitiva sul rapporto tra religione ed *ethos*.

3. Una riprova la si ha nel momento in cui, conclusivamente, guardiamo alla concezione cristiana a partire dal disvalore etico. Questo, nel linguaggio dell'etica, si chiama «colpa morale», in quello della religione «peccato». L'uomo può decidersi pro o contro questo valore, può scegliere il bene come il male. Se decide in senso negativo, si carica della colpa. Sulla sua realtà, per la visione cristiana, non c'è da dubitare; essa forma una realtà indiscutibile della vita umana. Con ciò il cristianesimo si unisce con le religioni della legge ed entra in contrapposizione con quelle della redenzione mistica. Queste ultime non conoscono alcuna libertà del volere e perciò alcuna libera decisione pro o contro il valore. Per esse non vi è quindi alcuna colpa morale in senso proprio, con la conseguenza che in esse è assente una vera e propria idea del peccato. Questa idea si costituisce infatti nel momento in cui la colpa morale è posta in relazione con Dio ed è considerata come un'offesa alla santità di Dio. Il peccato è la considerazione religiosa della mancanza morale, un apprezzamento numinoso della colpa morale. L'idea del peccato ha dunque l'idea della colpa morale come presupposto. Dove questa manca, nemmeno l'altra può essere presente: «Per quanto vivo possa essere il pensiero del peccato nelle più diverse forme della religione indiana, in modo del tutto particolare nella religiosità *bhakti*, qui il peccato

viene concepito come un desiderio sfrenato, come un'irrefrenabile sete di vita che ha la sua causa ultima nell'*avidyâ*, nell'ignoranza delle verità salvifiche. Il peccato è e rimane un destino. Esso appartiene alla sfera che è estranea a Dio, al mondo del *samsara* dove domina il *karma*, ma in quanto azione morale non sta in alcuna relazione con la divinità. Per questo la retribuzione ha luogo, in modo puramente automatico, nell'esistenza successiva e non attraverso l'intervento giudicante di Dio. Per la fede cristiana invece il peccato è rifiuto dell'amore divino, offesa della maestà divina: *tibi soli peccavi* (Sal 51, 6)»[7].

La posizione del cristianesimo rispetto al peccato ha la sua peculiarità nel fatto che il peccato è riconosciuto come realtà senza resti, ma che altrettanto senza resti viene cancellato. Anche il cristianesimo è una religione della redenzione, che annuncia cioè all'uomo la redenzione dalla colpa e dal peccato. Per questo si distingue essenzialmente dalle religioni della legge che non conoscono una redenzione nel vero senso della parola e concorda con le religioni della redenzione di tipo mistico, sebbene se ne discosti riguardo al contenuto dell'idea di redenzione. La redenzione che esso annunzia non significa tanto liberazione dal ciclo della rinascita, ma salvezza dalla perdizione della colpa e del peccato. Questa redenzione si realizza nell'esperienza da parte dell'uomo dei *terrores conscientiae*, nell'interiorizzazione della propria mancanza di santità e di peccato di fronte al *mysterium tremendum*, al Dio tre volte santo e al tempo stesso nella certezza del suo amore misericordioso, della sua grazia in cui egli è visto come *mysterium fascinosum*, come il Dio santo e anche grazioso. Il paradosso del Dio santo e al tempo stesso grazioso ha trovato secondo

---

[7] Friedrich Heiler, *Die Mission des Christentum in Indien*, in *Rudolf Otto Festgruß*, Leopold Klotz Verlag, Gotha 1931, pp. 17 ss.

la visione cristiana la sua manifestazione visibile nella croce di Cristo, che significa a un tempo giudizio e grazia, che spinge l'uomo al pentimento per renderlo partecipe del perdono. Nel dire «sì» alla volontà di amore di Dio che si è resa manifesta nella croce, nell'afferrare la mano protesa di Dio verso di noi nel crocifisso si compie la redenzione dell'uomo.

Poiché le religioni orientali della redenzione non hanno concepito il *mysterium iniquitatis*, a loro non è nemmeno accessibile nella sua profondità il *mysterium redemptionis*. Anch'esse presentiscono il Dio grazioso, ma che il Dio santo sia grazioso, che conceda il suo perdono attraverso il giudizio e che esso sia sperimentato come «grazia» al peccatore, tutto questo è rimasto loro nascosto: «L'India – afferma in modo tanto conciso quanto efficace Rudolf Otto – non ha alcun riconciliatore, alcun Golgotha, alcuna croce»[8].

## 2. *Il cristianesimo e i valori della cultura*

Se estendiamo la nostra riflessione filosofica sul valore, fin qui limitata ai valori etici, alla totalità dei valori profani, ovvero ai valori della cultura, troviamo che anche a questo proposito, *mutatis mutandis*, vale quello che si è detto precedentemente. Sia nella valutazione dell'etica che in quella della cultura, il cristianesimo evita due estremi. Il primo è l'idolatria della cultura, un fenomeno dal quale ogni religione deve guardarsi se non vuole rinnegare se stessa, giacché in esso abbiamo a che fare con una prevaricazione della cultura sulla religione. Il secondo è la negazione della cultura che invece comporta una prevaricazione della religione sulla cultura. Abbiamo visto precedentemente come nelle religioni indiane della redenzione un simile fenomeno sia presente. Il cristia-

---

[8] Rudolf Otto, *Indiens Erlösungsreligion und das Christentum*, cit., p. 85.

nesimo, per contro, esprime il suo sì alla cultura e ai suoi valori, giacché scorge in essa una grandezza autonoma, il cui valore e significato esso non tocca in alcun modo. Di conseguenza, il cristianesimo istituisce un rapporto positivo fra religione e cultura in cui entrambe vengono intrinsecamente e organicamente messe in relazione, cosa che corrisponde alla loro essenza e che è utile per entrambe.

1. Il cristianesimo dà alla cultura profondità e solennità. La concezione cristiana del mondo opera una fondazione metafisica del valori culturali. Il valore del buono, come quello del vero e del bello, si ancora a una fonte di valore trascendente che è indubbiamente di tipo metalogico, metaetico e metaestetico. Essa, infatti, appare al mondo e a tutto ciò che è mondano come il «totalmente Altro». Ma proprio perché si pone, per così dire, al di là dei valori culturali, essa ne costituisce la più profonda ragione. Questo significa, però, che i valori del nostro spirito hanno il loro fondamento ultimo in uno spirito assoluto che appare, così, come il rifugio e la patria dei valori.

Nella misura in cui i valori del vero, del buono e del bello vengono posti in relazione con quello del sacro, il lavoro che li riguarda acquista, per così dire, una solennità superiore. Se i valori della cultura si fondano, in ultimo, su quelli del sacro, la loro affermazione coincide con quella del sacro. Se verità, bontà, bellezza sono tutte, allo stesso modo, irradiazioni di una vita spirituale assoluta, allora nel momento in cui io dico «verità», «bontà», «bellezza», in fondo dico «Dio». Ogni servizio svolto al vero, al buono e al bello è, in un certo senso, servizio svolto al sacro e ogni lavoro culturale appare come una sorta di funzione religiosa.

«Chi possiede scienza e arte – afferma Goethe –, costui ha anche religione». Ciò mostra di fatto come l'affermazione dell'arte e della scienza comprenda anche quella della religione. Il «sì» pronunciato nei confronti del bello e del vero è al fondo, come si è detto, un «sì» pronunciato nei confronti del divino, dal momento che il bello e il vero trovano una fondazione in quest'ultimo. Chi possiede arte e scienza ha anche religione perché egli, indirettamente e in modo incosciente, afferma il loro contenuto ideale più profondo. Infatti, l'idea centrale della religione, quella di Dio, costituisce il fondamento ultimo della cultura.

2. Il cristianesimo dà alle creazioni della cultura gli impulsi più forti e alla cultura i contenuti più alti. Prima abbiamo detto: chi dice «verità», «bontà», «bellezza», costui dice anche e fondamentalmente «Dio». Ma è valida anche la reciproca: chi dice «Dio», costui dice anche «verità», «bontà» e «bellezza». Chi afferma il valore religioso, afferma con ciò anche i valori che su di esso si fondano e che, per così dire, da esso emanano. Il suo «sì» nei confronti dei valori del sacro include un «sì» nei confronti dei valori culturali. La posizione dell'uomo religioso verso i valori che sostengono e alimentano la cultura umana è perciò necessariamente positiva. Afferrato dal valore del sacro, egli è spinto a concepire nella loro pienezza questi ultimi, sebbene possa farlo soltanto se al tempo stesso accoglie e assimila i raggi che scaturiscono dal primo. In questo modo, i valori del vero, del bello e del buono diventano per lui recipienti in cui intende raccogliere ciò che non è raccoglibile, esaurire ciò che non lo è.

Anche qui possiamo richiamarci a un noto detto di Goethe: «Gli uomini sono produttivi in poesia e arte tanto a lungo quanto sono religiosi; dopo diventano puramente imitativi e ripetitivi». L'idea di Goethe è che le forze autenticamente creative della cultura hanno la loro origine nella religione e vengono suscitate, in definitiva, dalla religione. Che sia così è testimoniato dalla storia dello spirito e della cultura e se ci domandiamo perché è così, allora la risposta sta nel fatto che l'esperienza del valore religioso si gioca nel centro più intimo della personalità. Essa costituisce l'esperienza del profondo *par excellence*, dal momento che mette necessariamente in movimento le forze profonde dell'anima, le potenze creative dello spirito e così rende gli uomini «autenticamente produttivi nella poesia e nell'arte».

La religione cristiana non dà alla cultura soltanto i più forti impulsi, ma anche i contenuti più alti. Ciò è testimoniato niente di meno che da Kant. Nella sua *Critica del giudizio*, trattando della fede pratica o morale, afferma che quest'idea «fu introdotta per prima dal cristianesimo». «Ma – prosegue Kant – non è questo l'unico caso in cui questa meravigliosa religione, con la suprema semplicità del suo discorso, abbia arricchito la filosofia di concetti della moralità più definiti e più puri di quelli che la filosofia stessa avesse forniti, e che, una volta nati, sono liberamente approvati dalla ragione e ammessi come tali che essa stessa avrebbe potuto o dovuto trovarli e introdurli»[9]. In modo ancora più evidente di quanto non accada in ambito filosofico ed etico, l'arricchimento della cultura per mezzo della religione si presenta in ambito estetico. L'arte ha sperimentato attraverso i valori religiosi del cristianesimo un arricchimento e un approfondimento unici. Come dimostra quasi ogni pagina della storia dell'arte, le idee cristiane hanno agito come stimolazione e arricchimento di tutti gli ambiti dell'arte. Proprio da qui i grandi maestri dell'arte hanno ricevuto gli impulsi più forti e sono i testimoni viventi del fatto che l'arte è innalzata per mezzo della religione alla sua definitiva altezza.

3. La religione cristiana ammonisce e giudica la cultura, preservandola dal tramonto. Il pericolo che infatti minaccia tutte le creazioni culturali dell'uomo è quello della *hybris*. È il pericolo della divinizzazione della cultura che, al fondo,

---

[9] Immanuel Kant, *Kritik der Urteilskraft*, 5 Aufl., F. Meiner, Leipzig 1922, p. 346 Anm. [tr. it. *Critica del giudizio*, Laterza, Roma-Bari 1987³, p. 355 nota].

è un'autodivinizzazione dell'uomo. «Nella cultura – così afferma un teologo contemporaneo – l'uomo fa di se stesso Dio. Il simbolo di ogni autentica, ma non vera, creazione culturale dell'uomo è la torre di Babele. È la ripetizione storica di quel fatto che precede come un "*a priori* reale" tutta la storia, quel fatto che significa il peccato originale. Nella torre di Babele il peccato originale diventa storicamente concreto. Più la cultura umana si accresce, più potentemente vive in essa anche la superbia della identità con Dio, quella fiducia di affrancarsi dal legame con Dio, quella tendenza all'autosufficienza priva di responsabilità che necessariamente dà come effetto la "confusione dei linguaggi", la perdita della comunità»[10]. Anche se queste parole esagerano nell'identificare l'essenza della cultura con quello che è un rischio per essa, tuttavia sono adatte per renderci consapevoli di quanto la tendenza all'auto-divinizzazione sia presente nella cultura umana.

Qui il cristianesimo esercita la sua funzione di ammonitore e giudice. Esso rende noto alla cultura che Dio considera la *hybris* umana come un attacco al proprio onore e ha come conseguenza il suo fallimento. Le mette di fronte, per così dire, le eterne tavole della legge puntando l'indice sul primo comandamento che suona: «Io sono il Signore, tuo Dio; non avrai altro Dio all'infuori di me». Così, la religione cristiana rappresenta la crisi della cultura. Tuttavia, come tutte le crisi, vuole anche essere un mezzo e un viatico per la salvezza e il risanamento. Il fatto che il cristianesimo abbia agito e continui ad agire sulla cultura, il senso di quest'azione e la protezione che esso esercita su quest'ultima, è colta in modo insuperabile da un filosofo moderno: «Se si vuole connotare con una parola il ruolo che il cristianesimo ha giocato e ancora gioca nei

---

[10] Emil Brunner, *Das Gebot und die Ordnungen*, JCB Mohr [Paul Siebeck], Tübingen 1932, p. 475.

popoli emergenti moderni, si può ricorrere a quella parabola dove Gesù chiama i suoi discepoli il sale della terra. Il cristianesimo è l'antagonista della cultura moderna fin dai suoi inizi, mettendola in guardia di fronte a quella superbia che aveva portato la cultura antica alla rovina. Nel contrapporsi a tutto ciò che il mondo significa, impedisce la divinizzazione dello Stato e del potere dei romani; con il disprezzo dei beni di questo mondo, delle ricchezze, dell'onore, dei piaceri, con l'indifferenza verso la scienza e l'arte, rappresenta un contrappeso alla loro assolutizzazione e al totale sacrificio della personalità a ciò che è esteriore. Esso contrappone a tutto ciò che è oggetto delle aspirazioni umane e della cultura dell'uomo un al di là che va oltre i beni e i valori terreno-temporali. I valori veri e definitivi non stanno qui, ma nell'anima e nella sua relazione all'eternità. Il detto: che cosa gioverebbe all'uomo acquistare il mondo intero e perdere l'anima?, con la sua enorme serietà, ci tiene legati. Possiamo temporaneamente dimenticarlo nella ricerca di nuove amicizie e nuovi obiettivi, ma esso ci costringe ogni volta di nuovo a un ascolto silenzioso»[11].

[11] Friedrich Paulsen, *System der Ethik*, I, J.G. Cotta, Stuttgart 1906[8], p. 170.

# Capitolo quarto

# Ricerca di filosofia della storia

## 1. *Il significato della personalità nella storia e nella storia delle religioni*

Quando nel 1909 l'allievo di Eduard von Hartmann, Arthur Drews, con la pubblicazione del suo *Christusmythe*, maturò il tentativo temerario di negare l'esistenza storica di Gesù e di eliminare il suo nome dagli annali storici, l'intera teologia, assieme alle scienze a lei vicine, fu chiamata alle armi. Mentre da parte protestante la lotta contro l'«intruso» e i «dilettanti» in teologia fu condotta prevalentemente con mezzi storici, il teologo cattolico Franz Xaver Kiefl cercò di scardinare la teoria di Drews a partire dalla filosofia.

Nel suo significativo scritto *Der geschichtliche Christus und die moderne Philosophie* egli scopre le premesse latenti che stanno alla base della negazione dell'esistenza storica di Gesù. Si tratta della tesi per la quale «sono i concetti senza le personalità a determinare i destini dei popoli»[1]. Questa tesi deriva dalla filosofia della storia hegeliana che costituisce il terreno spirituale dove è sorta la teoria del mito. Per Hegel il panlogismo è il principio del mondo, l'Assoluto, l'Idea logica. Quest'ultima

---

[1] Franz Xaver Kiefl, *Der geschichtliche Christus und die moderne Philosophie*, Kirchheim, Mainz 1911, p. 215.

è nello stesso tempo la ruota motrice del processo mondano e della storia umana. La storia universale è dunque, essenzialmente, storia delle idee, dal momento che in essa quest'ultime sono le forze trainanti. Ciò dà luogo a una logicizzazione del processo storico il cui risvolto sta nella svalutazione dei portatori reali dell'Idea, delle personalità storiche. Esse, per Hegel, sono semplici strumenti dell'Idea, sono «manovali» di cui l'Idea si serve per i propri scopi. Esse sono prive dunque di un significato autonomo di fronte all'idea. Non le personalità, ma le idee determinano il corso della storia e quanto questa idea fosse determinante per Hegel lo dimostra il suo ammonimento circa il fatto che nello scrivere la storia gli individui devono essere lasciati completamente fuori gioco[2].

Già Leopold von Ranke, il geniale storico, si vide costretto ad apportare delle correzioni alla filosofia della storia idealistica. Nelle sue conferenze *Über die Epochen der neueren Geschichte* anch'egli fa delle idee le forze trainanti della storia, ma sulla base di un contatto più ravvicinato con le realtà della vita storica egli le concepisce in modo più realistico. Esse significano per lui le tendenze dominanti di una certa epoca. Così, la visione della storia realistica che egli sviluppa lo preserva dallo slegare le idee da coloro che le sostengono trattandole, per così dire, come *quantités négligeables*. Di fronte a una simile svalutazione della personalità egli sottolinea che «le idee che mettono in movimento il mondo si annunziano sempre in singoli spiriti eminenti»[3].

All'interno della filosofia, specialmente Hermann Lotze ha lottato contro la filosofia della storia hegeliana e affermato di fronte a essa il diritto delle personalità storiche. Nel terzo

---

[2] Max Ettlinger, *Geschichte der Philosophie von der Romantik bis zur Gengenwart*, Kösel und Pustet, München 1924, p. 83.

[3] Cfr. Otto Braun, *Geschichtsphilosophie*, Meiner, Leipzig 1921, p. 53.

tomo della sua opera classica *Mikrokosmos* egli arriva a parlare del significato della personalità nella storia e sviluppa pensieri che ancora oggi possiedono pieno valore: «Soltanto i singoli spiriti viventi – afferma Lotze – sono gli elementi attivi nel corso della storia; tutto il generale che si realizza e deve diventare una forza deve dapprima condensarsi in essi come vita individuale e poi, attraverso un procedimento di scambio reciproco fra di essi, espandersi verso un riconoscimento generale [...]. Ora è certo che nessuna forza individuale può farsi valere nella storia se non sa servirsi di alcuni impulsi generali all'azione e anche di certe inclinazioni a patire che sono incluse nella natura umana: ma è anche certo che quegli uomini potenti che con il loro genio inventivo e la costanza ostinata del loro volere hanno avuto influenza decisiva sul corso della storia non sono stati soltanto i prodotti e l'espressione del loro tempo. Nella maggior parte dei casi, quello spirito universale dell'umanità di cui decantiamo lo sviluppo organico ha prodotto soltanto il sentimento dell'esistenza di un'oppressione, la disposizione struggente e il pio desiderio di un cambiamento, ha posto i compiti che bisognava risolvere, ma il merito del soddisfacimento di questi desideri e della particolare forma di soddisfazione spetta all'azione di pochi individui. In altri casi non ha mai avuto la precedenza il sentimento impotente del bisogno; l'opposizione pesantemente ottusa della massa è stata faticosamente forzata solo dal felice sforzo spirituale di pochi che hanno dato a essa nuovi scopi d'azione. E infine, là dove realmente la forza individuale ha assunto i compiti del suo tempo, forse c'è stato solo raramente un soddisfacimento pieno di quello che il momento richiedeva; nella maggior parte dei casi è stato aggiunto, nel bene come nel male, qualcosa di molto efficace che andava oltre quell'esigenza o che comunque restava accanto a essa, da parte. In innumerevoli casi lo sviluppo prevedibile delle cose è stato interrotto; il calcolo abile di spiriti sagaci è stato spesso distorto dal suo scopo originario da qualche profonda pulsione del sentimento ed è stato a lungo usato per scopi artificiosi [...]. Certamente l'umanità ebbe nei suoi primi tempi disposizioni e bisogni simili agli attuali, ma la partecipazione di tutti al soddisfacimento di questi impulsi non è stata uguale. I germi della civiltà non sono, come il rigoglio di una giovane foresta, cresciuti rapidamente e simultaneamente con regolarità e necessità organica su una grande superficie; ma l'impulso errante, incapace e non creativo della massa ha ottenuto, con i felici colpi di genio di alcuni individui, i suoi primi chiari ideali e quelle prime soddisfazioni che aprono la via al futuro». L'influsso delle personalità, ovviamente, è assai diverso a seconda degli ambiti in cui ha luogo. Al meglio esso appare nella storia della *religione*. Deve essere assodato «che spesso nella storia sono apparse forme di fanatismo dall'origine oscura, ma mai religioni senza fondatori personali; anche qui la soddisfazione di bisogni, che in circostanze simili si sviluppano in modo uniforme nella massa uniforme dell'umanità, ha luogo per mezzo della forza raccolta in singoli spiriti»[4]. Lotze è profondamente convinto «che Dio sia stato più vicino a singoli credenti e a singole persone o che si sia rivelato in modo eminente a essi piuttosto che ad altri»[5].

Di una fondazione metafisica del ruolo di guida che le grandi personalità esercitano nella storia si è preoccupato soprattutto Rudolf Eucken. A suo avviso la realtà, nel suo nocciolo più profondo e intimo, è spirito, cioè una vita di tipo personale che scaturisce dal fondamento del mondo e nella quale si radica profondamente la personalità umana.

---

[4] Hermann Lotze, *Mikrokosmos*, III, Leipzig Verlag von S. Hirzel, Leipzig 1864, pp. 65 ss. [tr. it. *Microcosmo*, Utet, Torino 1988, pp. 634 ss.].

[5] Hermann Lotze, *Grundzüge der Religionsphilosophie*, Leipzig Verlag von S. Hirzel, Leipzig 1894, p. 95.

Quest'ultima con la sua radice metafisica affonda nella realtà personale sovramondana, la quale si crea in essa, per così dire, un centro vitale di azione. Ciò vale in particolare per le grandi personalità della storia che sono rivelazioni viventi del mondo superiore nelle quali esso si manifesta e prende forma nello sviluppo del mondo. Tutto il progresso umano è perciò collegato a esse e in esse si realizzano quelle grandi svolte e trasformazioni che avvicinano l'umanità ai propri fini eterni. Sono loro a elevare l'umanità in tutti gli ambiti spirituali e in particolare in quello religioso. Per la religione, infatti, le grandi personalità significano più che per qualsiasi altro ambito, dal momento che le religioni storiche «non si sviluppano tranquillamente a partire da un comune lavoro concettuale, ma appaiono come un inizio del tutto nuovo in grandi personalità che, come mediatori tra divinità e mondo, annunciano all'umanità la volontà di Dio e fondano una più stretta comunità fra la divinità e l'uomo»[6].

Che questa concezione del significato della personalità nella storia delle religioni corrisponda a dati di fatto storici è mostrato in modo convincente da Troeltsch. Proprio nel senso di Eucken egli parla di «innegabili e originali rivelazioni della vita spirituale nei grandi geni»[7]. A suo giudizio, con lo sviluppo della storia, la vita specificamente religiosa si differenzia dalle generali condizioni spirituali e culturali, le personalità religiose si dimostrano in modo energico e unilaterale come i focolai di tutte le forze religiose e da loro soltanto proviene la forza trasformante dei grandi movimenti religiosi. L'idea di Troeltsch è alla fin fine identica a quella che Goethe ha espresso in modo semplice in un suo noto

---

[6] Rudolf Eucken, *Der Wahrheitsgehalt der Religion*, cit., pp. 253 ss.

[7] Ernst Troeltsch, *Die Absolutheit des Christentums*, cit., p. XXIV [tr. it. p. 25].

detto: «Dio è continuamente all'opera nelle nature superiori per attirare quelle più modeste».

Abbiamo restituito il pensiero di moderni filosofi della religione per rendere evidente quanto il pensiero odierno si discosti dalla svalutazione della personalità che Hegel ha compiuto nella sua filosofia della storia. Considerazioni di filosofia della storia (Lotze), di metafisica della storia (Eucken) e di storia delle religioni (Troeltsch) hanno cercato di riconferire alle personalità storiche i propri diritti.

Per l'ambito della storia delle religioni potremmo cercare di raggiungere lo stesso obiettivo anche per un'altra via e cioè mostrando, a partire dall'essenza della religione, il significato della personalità religiosamente creatrice. Si tratta di un procedimento concettuale che appartiene alla filosofia della religione.

Come abbiamo visto, il nocciolo della religione è l'esperienza religiosa del valore. Quest'ultima ci si è presentata come l'esperienza della profondità, *kat'exochèn*, come la più centrale di tutte le esperienze del valore. Il nucleo più intimo della personalità viene preteso da essa. L'esperienza religiosa, infatti, come sottolinea uno psicologo della religione contemporaneo, è «la più profonda e interiore delle funzioni dell'Io, la più forte relazione complessiva dell'Io: il centro di esperienza che originariamente è più proprio, il più personale, il più ampio possibile»[8]. Da ciò segue che la religione è legata in modo particolare alla personalità. Senza l'esistenza di uomini dalla profondità interiore, essa è impensabile e tanto più grande è questa profondità, tanto più grande è la profondità e la forza dell'esperienza religiosa. Con ciò tuttavia è detto che tutto il progresso religioso viene a compimento attraverso le grandi personalità creatrici. Poiché, considerata dal punto di

[8] Werner Gruehn, *Religionspsycologie*, Verlag Ferdinand Hirt, Breslau 1926, p. 57.

vista della religione stessa, l'esperienza vitale (*Erlebnis*) religiosa acquista il carattere dell'illuminazione e l'esperienza fattuale (*Erfahrung*) religiosa quella della rivelazione, la personalità religiosamente creativa appare nel medesimo tempo il portatore della rivelazione divina. In particolare ciò si verifica quando essa ha coscienza di essere in contatto con l'Assoluto, di percepire la sua voce, e di avere anche l'obbligo e l'incarico divino di annunziare all'umanità ciò che viene percepito. Questa coscienza della missione è tipica, nella storia delle religioni, delle personalità profetiche, ed è del tutto caratteristica dei fondatori di religione. Tutti questi si sentono come organi del loro Dio, che attraverso di essi parla all'umanità e a essa si vuole rivelare, come la Lettera agli Ebrei ha classicamente espresso: «Multifariam multisque modis olim Deus loquens patribus in prophetis» (I, 1).

In questo modo il ruolo dominante degli *homines religiosi* si lascia derivare dalla storia delle religioni. Infatti, poiché la religione è vita ed esperienza, la personalità ha per essa un significato decisivo. Non così se fosse pensiero, poiché il pensiero non è vincolato alla personalità come lo è l'esperienza. È perché Hegel ritiene che la religione sia essenzialmente pensiero che egli ha potuto, come ha fatto, sottovalutare il significato della personalità per il suo sviluppo. La sua insufficiente valutazione della personalità nella storia delle religioni fu soltanto la logica conseguenza della sua concezione intellettualistica dell'essenza della religione. Ciò gli ha fatto misconoscere anche il significato della rivelazione storica, il quale si accompagna al carattere fondamentale della religione come vita ed esperienza, essendo la rivelazione, come abbiamo stabilito, soltanto il nome religioso dell'esperienza religiosa. La conoscenza e del significato delle personalità creative nella storia delle religioni e del loro carattere di portatori della rivelazione divina dei fini ultimi dipende dunque dalla corretta visione che si ha dell'essenza della religione.

## 2. *La coscienza dell'assolutezza delle personalità profetiche e Gesù*

Come abbiamo già mostrato, l'essenza della personalità profetica risulta dal sentirsi portatore e annunziatore della rivelazione divina. Possiamo caratterizzare questa coscienza come coscienza dell'assolutezza. Si tratta della convinzione, che sorregge e penetra l'intero essere e agire, di stare in contatto con ciò che di più profondo e definitivo sta al di là di tutte le relatività umane, di essere interiormente oggetto di grazia e di incarico da parte dell'Assoluto. Questa coscienza dell'assolutezza appartiene necessariamente alla personalità profetica e non è niente altro che il riflesso della rivelazione divina nella coscienza del suo portatore.

L'assolutezza di tale coscienza non esclude delle gradazioni dal punto di vista del suo contenuto. Qui è formata in modo più forte, là in modo meno forte. Ma se è così, allora appare del tutto possibile inserire anche la personalità di Gesù in questo contesto. La coscienza di sé e della sua missione, che dapprima risulta singolare, deve essere considerata, così pare, come il culmine di quella coscienza generale dell'assolutezza che, condizionata dall'intera personalità, appartiene all'essenza della personalità profetica in genere. Qui sembra esserci una differenza di grado, non di qualità.

Questa è la concezione che Troeltsch ha sviluppato nelle sue significative considerazioni sulla pretesa di assolutezza delle religioni. L'assolutezza nel senso più semplice e schietto della parola, così egli ritiene, è la qualità generale di tutta la vita di tipo ingenuo: «Tutte le religioni sono nate come assolute, perché obbediscono a una costrizione divina irriflessa ed esprimono una realtà che esige riconoscimento e fede non soltanto per il suo essere, ma ancor più per il suo valore»[9]. Il modo in

---

[9] Ernst Troeltsch, *Die Absolutheit des Christentums und die Religionsgeschichte*, cit., pp. 117 ss. [tr. it. p. 157].

cui questa assolutezza naturale si esteriorizza è diverso a seconda del grado e della maniera in cui il modo superiore si rivela in una religione: «L'assolutezza ingenua delle religioni storiche in origine altro non è che il profondo, intimo legame dei portatori di rivelazione con Dio che parla in essi; e la legittimità di queste ingenue pretese si misura in base alla forza di riscatto e di liberazione che scaturisce dalla fede che accompagna quelle pretese. L'assolutezza ingenua di Gesù altro non è se non la fede nella missione affidatagli dal Padre che è nei cieli, e la certezza che la volontà del Padre è l'unica verità morale e la promessa del Padre l'unica salvezza. Il diritto a questa pretesa deriva dal fatto che essa scaturisce nel modo più naturale dall'interno dell'idea religiosa più possente e più pura. Il fatto che la vita dell'uomo sia connessa in tal modo con la certezza del divino rappresenta, come tutte le esperienze ingenue, un elemento ultimo e insolubile della realtà, un mistero che corrisponde al mistero di tutta la realtà»[10]. Ma già alla comunità primitiva questa assolutezza non basta. «Ciò che differenzia veramente la predicazione di Gesù dall'interpretazione che di questa dette la fede della comunità protocristiana consiste proprio nel fatto che la grande e libera ingenuità di Gesù sentiva l'assolutezza dell'oggetto, nel regno di Dio, mentre la comunità costituitasi per adorare Gesù come Messia, come vittima espiatoria, come capo celeste, trasferì quell'assolutezza alla persona del Messia e Signore. Con ciò la persona di Gesù veniva assolutizzata e il significato che assumeva, quello di personalità redentrice, doveva essere dimostrato con ogni sorta di argomenti scritturali e di speculazioni gnostiche»[11].

Secondo Troeltsch, dunque, all'annunzio di Gesù appartiene quella assolutezza ingenua che è caratteristica per ogni

[10] *Ivi*, p. 130 [tr. it. pp. 170-171].
[11] *Ivi*, p. 131 [tr. it. p. 171].

religione allo stato nascente. Qui essa mostra certamente un grado particolarmente elevato, giacché la religione più elevata presenta anche «una pretesa di assolutezza massimamente libera e interiore», ma si tratta appunto soltanto di una differenza di grado. Qui come là si ha a che fare, in linea di principio, con una medesima assolutezza, l'assolutezza della cosa, non della persona. Gesù ha esigito l'assolutezza per la rivelazione che rappresentava, non per la sua persona. Questo lo ha fatto la comunità primitiva. Essa ha assolutizzato la sua persona nel momento in cui lo ha designato come *il* rivelatore e mediatore del Padre, come *il* redentore. In Gesù, tuttavia, la coscienza dell'assolutezza non si riferiva alla sua persona, ma alla sua missione: «Quale che sia il ruolo che il messianismo può aver svolto nel suo annunzio, in complesso si può dire che la persona passa in secondo piano rispetto all'oggetto dell'annunzio, al regno di Dio. Quest'ultimo qui è l'assoluto»[12].

Questa concezione è giustificata storicamente? Alla domanda bisogna rispondere in modo negativo. Le cose non stanno come Troeltsch le ha presentate in base al suo metodo livellante di storia delle religioni, e cioè come se Gesù stesso si fosse accontentato di una assolutezza materiale e soltanto la comunità primitiva gli avesse attribuito l'assolutezza personale. No, Gesù stesso ha rivendicato una simile assolutezza. Secondo i vangeli sinottici Gesù si sente portatore di una rivelazione singolare che il Padre gli ha trasmesso.

In modo chiaro e indiscutibile questa coscienza si esprime nel cosiddetto «luogo giovanneo» dei sinottici: «In quel tempo Gesù disse: Ti benedico, o Padre, Signore del cielo e della terra, perché hai tenuto nascoste queste cose ai sapienti e agli intelligenti e le hai rivelate ai piccoli. Sì, o Padre, perché così è

---

[12] *Ivi*, p. 127 [tr. it. p. 167].

piaciuto a te. Tutto mi è stato dato dal Padre mio; nessuno conosce il Figlio se non il Padre, e nessuno conosce il Padre se non il Figlio e colui al quale il Figlio lo voglia rivelare» (Mt 11, 25-27).

Gesù qui si definisce «Figlio di Dio». Tra lui e il Padre sussiste una relazione unica: essi soltanto si conoscono reciprocamente e poiché soltanto il Figlio conosce veramente il Padre soltanto lui è in condizione di comunicare all'uomo la conoscenza del Padre. È lo stesso pensiero che si trova nell'espressione messa in bocca a Gesù dal quarto evangelista: «Io sono la via, la verità e la vita. Nessuno viene al Padre se non per mezzo di me» (14, 6). Dal momento che egli soltanto, sulla base del suo rapporto singolare con il Padre, conosce e rivela questi, egli soltanto può consentire all'uomo di accedere a Dio.

Come rivelatore del Padre egli è appunto *la* via al Padre e in questa sua posizione di fronte al Padre egli sa di essere molto più in alto rispetto ai profeti e agli altri inviati di Dio che egli definisce come suoi servitori (Mc 12, 1-12). Poiché in lui il Padre si è rivelato in modo unico, dalla posizione nei suoi confronti dipende il rapporto dell'uomo con Dio: «Chi dunque mi riconoscerà davanti agli uomini, anch'io lo riconoscerò davanti al Padre mio che è nei cieli; chi invece mi rinnegherà davanti agli uomini, anch'io lo rinnegherò davanti al Padre mio che è nei cieli» (Mt 10, 32 ss.).

Che il Gesù sinottico possieda una coscienza dell'assolutezza di tipo personale diventa ancora più evidente se fissiamo lo sguardo sulla forma storica di cui si riveste. Come osserva con ragione Rudolf Otto, «quest'ultima, per una coscienza missionaria di tale altezza, con questi contenuti, in questa situazione, sostenuta dalle idee della apocalittica giudaica, riferita al regno di Dio veniente e già attivo in lui e per mezzo suo, non poteva che essere una forma messianica, e cioè una forma caratterizzata dall'idea della figura apocalittica del figlio dell'uomo»[13]. Certamente si è messa in dubbio la coscienza messianica di Gesù, ma in questo caso vale il famoso detto di Harnack per il quale «per raggiungere ciò che si desidera è necessario scardinare i nostri racconti evangelici»[14].

La più recente presentazione della vita di Gesù di Martin Dibelius, nella quale ci si attiene rigorosamente ai limiti della scienza, conferma e rafforza il detto di Harnack. «Gesù – così egli afferma in questo luogo – deve aver sollevato la pretesa di essere l'unto di Dio, sebbene in un senso diverso da quello che pensavano i romani e che gli ebrei avevano fatto credere ai romani. Ma questo è ugualmente probabile. Era un tempo di tensioni politiche e di sollecitazioni rivoluzionarie e comparivano sempre persone con promesse di tipo messianico. Chi, come Gesù, annunziava il regno di Dio come prossimo, chi rivelava le forze di questo Regno già nel presente, chi conduceva la sue folle a Gerusalemme nei luoghi della decisione, costui doveva suscitare la domanda se egli stesso fosse o meno l'Atteso. Ma ciò dipende dal futuro, giacché il Regno come la messianicità provengono da Dio. Non si può essere Messia per forza propria e nemmeno Gesù lo può essere; si può soltanto, e anche Gesù può soltanto, aver fede, credere, sapere che Dio lo ha scelto come Messia e che come Messia lo insedierà nel suo Regno. Nell'ambito della storia universale il Messia viene designato, ma non intronizzato. Gesù ha avuto coscienza di essere il Messia scelto da Dio per il futuro»[15].

Ma gli altri grandi fondatori di religioni non hanno forse avuto anch'essi una coscienza personale dell'assolutezza? A questa domanda potrebbe dare risposta Nathan Söderblom.

[13]  Rudolf Otto, *Gottesreich und Menschensohn*, Beck, München 1934, p. 140.

[14]  Adolf von Harnack, *Das Wesen des Christentums*, Hinrich Verlag, Leipzig 1920, p. 82 [tr. it. *L'essenza del cristianesimo*, Queriniana, Brescia 1980].

[15]  Martin Dibelius, *Jesus*, Walter de Gruyter, Berlin 1939, pp. 81 ss.

Nella sua opera postuma egli scrive: «Questo Gesù storico pretende di essere la compiuta rivelazione di Dio sulla terra e di essere riconosciuto e adorato in quanto tale. Egli è unico non soltanto dal punto di vista del valore, quando paragoniamo la sua elevatezza e grandezza con quella degli altri rivelatori, ma anche come modello, se lasciamo perdere poco significativi tentativi d'imitazione, e anche come tipo. Nessun uomo a lui paragonabile ha mai sollevato simili pretese. Gli unici che dal punto di vista del loro significato storico gli si potrebbero comparare, cioè Buddha, Confucio, Maometto non hanno mai sollevato una simile pretesa e anzi la respinsero quando essa proveniva dai loro discepoli»[16].

Meglio ancora salta agli occhi la singolarità di Gesù se noi la confrontiamo con la coscienza di sé e la coscienza della loro missione dei profeti vetero-testamentari, alla cui linea, dal punto di vista della storia delle religioni, egli appartiene. Anch'essi ebbero grande coscienza di sé, di rappresentare la causa di Dio, di annunziare la parola di Jahvè, di essere la bocca di questi. Ma non ebbero mai l'intenzione di identificare, in modo necessario, la rivelazione di Dio con la propria persona. Essi, piuttosto, si ritraevano interamente dietro la rivelazione di Dio. Il profeta sa di essere soltanto uno dei molti organi con cui il Dio vivente parla agli uomini. Per questo non è decisiva la sua persona, ma la causa di Dio. In altri termini, la loro coscienza dell'assolutezza è di tipo materiale, non personale. Al loro confronto la coscienza di sé e della propria missione che possiede Gesù deve essere designata come sovra-profetica. Essa rappresenta quel livello superiore della coscienza dell'assolutezza che noi abbiamo caratterizzato come personale. Gesù non si considera come uno tra, ma come *il* rivelatore di Dio. Questo profondo mistero della sua perso-

[16] Cit. in *ivi*, p. 328.

nalità consiste nella sua certezza immediata e inconcussa di non essere semplicemente un inviato di Dio, un messaggero del Padre, ma di esserne il *Figlio*.

### 3. *Il senso del dogma cristologico*

Di fronte alla storia delle religioni d'impronta livellante di Troeltsch abbiamo dovuto mettere chiaramente in rilievo la singolarità della coscienza che Gesù ha avuto di sé e della propria missione. Ciò era tanto più rilevante dal momento che questa coscienza forma l'autentico fondamento della pretesa di assolutezza del cristianesimo. Poiché il fondatore del cristianesimo si designa come *il* rivelatore del Padre e ha posto la sua rivelazione come *la* rivelazione divina, la religione cristiana è convinta di possedere la verità definitiva e perciò di essere la religione insuperabilmente compiuta. Se Troeltsch crede di poter liquidare la fede nell'assolutezza con la domanda «la prima cosa di cui l'uomo religioso ha bisogno per la sua pietà non è forse la sicurezza sul fatto che le generazioni successive non raggiungeranno una conoscenza di Dio più elevata?»[17], giustamente Paul Mezger sottolinea che «con la rinuncia a essa noi cristiani d'oggi saremmo privati dell'autocoscienza specificamente cristiana, del sentimento vitale più interiore della prima cristianità, saremmo divisi da Gesù stesso»[18].

In che maniera, con la rinuncia a quella fede nell'assolutezza, ci separeremmo dal carattere specifico dell'autocoscienza cristiana lo mostra il dogma centrale del cristianesimo, quello cristologico. Il suo senso non è che quello di assicura-

---

[17] Ernst Troeltsch, *Die Absolutheit des Christentums und die Religionsgeschichte*, cit., p. 94 [tr. it. p. 134].
[18] Paul Mezger, *Die Absolutheit des Christentums und die Religionsgeschichte*, cit., p. 37.

re l'assolutezza della religione cristiana. Già il cristianesimo primitivo guarda all'apparizione di Cristo come all'irruzione dell'eterno nel tempo, dell'assoluto nella storia. In lui, come si esprime Paolo, «è apparsa la pienezza della divinità». Il quarto evangelista assunse come ausilio un antico motivo concettuale dello spirito greco, santificato, per così dire, da una lunga tradizione, quello di Logos. Cristo è per lui l'incarnazione del Logos. Λόγος σὰρξ ἐγένετο (Gv 1, 14). Con esso era dato l'impulso alla formazione del dogma cristologico.

Spiriti toccati dalla filosofia greca o addirittura formati da essa non si accontentarono della semplice constatazione per la quale Dio è diventato uomo in Gesù, essi vollero indagare la modalità di questa apparizione del divino nell'uomo. Si arrivò così alla formazione della dottrina delle due nature: in Cristo vi sono una natura umana e una natura divina, unite in una persona. Questa dottrina non tradisce soltanto il carattere intellettualistico del pensiero greco, che anziché adorare silenziosamente il mistero vorrebbe spogliarlo e comprenderlo per mezzo di concetti, ma ancor di più il suo carattere statico. Il divino non viene concepito, come nel pensiero profetico della Bibbia, come *sacra dynamis*, ma determinato come essere, come natura. Così il «Dio era in Cristo» viene interpretato nel senso di una natura divina sovraordinata a quella umana nella persona di Cristo. Sui limiti di questa formazione concettuale ha colto nel segno Berdiajev: «Il *mysterium Christi*, il mistero del Dio-uomo, non si lascia tradurre nel linguaggio di una natura metafisica qualsiasi, piuttosto gli scivola via. I più grandi scolastici si sono inutilmente arrabattati nel portare a espressione questo mistero nel linguaggio della metafisica sostanzialistica e della teologia»[19].

[19] Nicolaj Berdiajev, *Die Philosophie des freien Geistes*, Mohr, Tübingen 1930, p. 58.

La condizionatezza storica di quella formula dogmatica non può tuttavia farci dimenticare il suo contenuto sovrastorico, il suo valore di eternità religiosa. In un prezioso discorso sul problema cristologico Karl Schumann pone la questione: «Come possiamo e dobbiamo esprimere oggi teologicamente ciò che la Chiesa antica nella dottrina delle due nature, per come essa si annunzia nella formula di Calcedonia, è riuscita a esprimere?».

La sua risposta è, nell'essenziale, la seguente: «L'essere uno di Dio con l'uomo Gesù vuole essere compreso come l'atto divino di salvezza e di rivelazione che si rivolge all'uomo afferrandolo e penetrandolo totalmente [...]. Non può essere compreso come uno stato di cose ontologico che riposa in se stesso, ma come l'atto singolare di Dio; esso, tuttavia, non può nemmeno essere compreso come un agire momentaneo, per così dire, puntuale, ma come la stabile presenza dell'atto nell'agire. Dio si fa uno con Gesù e in questo unirsi con lui è uno. Dio, nell'atto dell'*incarnatio*, afferra l'uomo Gesù (nella sua origine), ma con quest'atto "lega" se stesso all'essere di questi (in quanto Figlio) ed è in quest'atto perpetuamente presente. Concepire quest'atto di Dio, il miracolo originario di Dio, nella sua autoincarnazione nell'uomo Gesù in analogia con gli avvenimenti intramondani, volerlo concepire, per così dire, come possibilità ontologica, ciò non soltanto mette di fronte a un'impossibilità fattuale, ma è in se stessa un'impresa insensata, teologicamente impossibile. Qui non si tratta soltanto di far "tanto di cappello" a un problema che si riconosce superiore alle nostre forze; il porre un tale problema vorrebbe dire il superamento dei limiti fra Dio e l'uomo e dunque quello della precondizione stessa del domandare teologico. Interrogarsi su come Dio faccia a essere presente, nella pienezza del suo essere, in un uomo, in modo tale che quest'ultimo sia al tempo stesso presenza viva di Dio e autentico uomo nell'integralità del suo esser uomo, sarebbe altrettanto insensato che interrogarsi su come proceda Dio nella creazione del mondo»[20].

Una valutazione positiva dell'antico dogma cristologico è esigito anche dal punto di vista della filosofia della religione. La struttura fondamentale della coscienza religiosa, per come essa si presenta nella filosofia della religione contemporanea, lo fa infatti apparire come necessario. Questa struttura si articola in tre piani. Quello basilare è l'esperienza religiosa del valore e l'esperienza religiosa immediata. Sopra essa vi è il piano del convincimento, che racchiude il terzo livello, quello dell'espressione concettuale e rappresentativa del convincimento. La struttura interna della coscienza religiosa mostra che le rappresentazioni e i concetti religiosi sono strettamente connessi con l'esperienza religiosa. Queste, infatti, non derivano direttamente da essa, ma indirettamente tramite la mediazione del convincimento religioso. E se le cose stanno così, allora non si possono eliminare dall'esperienza le rappresentazioni e i concetti che la coscienza religiosa forma per rappresentare se stessa, il proprio contenuto, così come la teologia liberale ha fatto sotto l'influsso di un antiintellettualismo unilaterale e falso, risalente in varie forme a Ritschl. Piuttosto si tratta di scorgere il profondo radicamento delle rappresentazioni e dei concetti nell'esperienza religiosa fondamentale.

Se ciò avviene bisognerà però insegnare ad apprezzare i contenitori terreni nei quali è presente per noi la rivelazione divina. Dovremo insegnare a vedere, malgrado la condizionatezza storica degli elementi formali del dogma cristologico, il suo contenuto sovrastorico e concordare con Paul Mezger quando confessa che «questo rigido carro armato della dottrina ortodossa nasconde in sé il centro imprescindibile, l'ele-

---

[20] Karl Schumann, *Zur Christologie*, in «Deutsche Theologie» 3 (1942), p. 8.

mento più sacro del cristianesimo che noi non possiamo farci sfuggire: l'affidabile credenza nel fatto che nella persona storica di Gesù è entrata nell'umanità la più intima vita personale di Dio»[21].

---

[21] Paul Mezger, *Die Absolutheit des Christentums und die Religionsgeschichte*, cit., p. 19.

# Conclusione

Riassumiamo i risultati della nostra ricerca di filosofia della religione, oggetto del presente libro, nelle seguenti tesi:

1. L'assolutezza del cristianesimo è una questione della fede, non del sapere. I tentativi di una dimostrazione razionale sono per principio destinati a fallire.

2. La fede nell'assolutezza del cristianesimo appartiene al nocciolo della fede cristiana. Per i cristiani Cristo non s'inserisce nella serie dei profeti, ma è il «Figlio». La sua rivelazione è la rivelazione del Padre. Sin dall'inizio è presente nella religione cristiana la certezza di essere in possesso della piena e definitiva rivelazione di Dio. Si tratta della certezza che Paolo ha espresso nella formula classica: «Nessuno può porre un altro fondamento al di fuori di quello di Gesù Cristo».

3. La fede cristiana nell'assolutezza si presta a una giustificazione razionale assai semplice che può prendere una doppia strada. La prima consiste in una riflessione sul contenuto della religione cristiana. Essa, quando viene condotta a fondo e in modo completo, mostra il cristianesimo come la pienezza essenziale della religione. L'altra consiste in una considerazione della forma, e cioè del modo in cui sorge la religione cristiana. Non si tratta di un qualche miracolo che ha accompagnato la nascita del cristianesimo, ma del miracolo centrale della personalità di Cristo che consiste nella sua coscienza di

sé e della sua missione. In lui è profondamente ancorata l'assolutezza del cristianesimo.

4. L'assolutezza del cristianesimo non ha un carattere esclusivo, ma inclusivo. Non esclude dalle altre religioni la rivelazione divina, ma la include in esse. Il riconoscimento di una *revelatio specialis* in Cristo ha come presupposto l'accettazione di una *revelatio generalis*. L'opportuna distanza tre le due è con ciò pienamente conservata. Ai tentativi di livellarla attraverso un utilizzo unilaterale del metodo storico-religioso vorremmo contrapporre, con Paul Mezger, una confessione cristiana: «Se con Gesù, il Figlio, ci è apparso il sole che oscura lo splendore delle stelle notturne, allora non dobbiamo ritenere innaturale la pretesa di guardare con sempre nuova meraviglia, nella chiara luce del giorno, a quelle stelle che sono scomparse o almeno sono diventate invisibili, invece che percorrere la via della vita nella luce solare della compiuta rivelazione? Al confronto di Cristo tutto ciò che altrove può essere considerato come rivelazione perde questo carattere, poiché tutto il resto è limitato a certi luoghi e tempi e destinato, già in anticipo, a tramontare in lui. Egli soltanto, Gesù Cristo, è lo stesso ieri, oggi e in eterno»[1].

---

[1] Paul Mezger, *Die Absolutheit des Christentums und die Religionsgeschichte*, cit., p. 61.

# Bibliografia degli scritti di Johannes Hessen

Sono riportati gli scritti più importanti. Una bibliografia completa è presente in Christian Weber, *Der Religionsphilosoph Johannes Hessen (1889-1971). Ein Gelehrtenleben zwischen Modernismus und Linkskatholizismus*, Peter Lang, Frankfurt a.M. 1994, pp. 484 ss.

## SCRITTI DI STORIA DELLA FILOSOFIA

### Sulla filosofia antica

*Platonismus und Prophetismus*, Reinhardt, München 1939 (1955²; tr. giapponese 1958).

*Griechische oder biblische Theologie?*, Koehler und Amelang, Leipzig 1956 (Reinhardt, München 1962²).

### Sulla filosofia patristica e scolastica

*Die Begründung der Erkenntnis nach dem hl. Augustinus*, Aschendoff, Münster 1916.

*Die unmittelbare Gotteserkenntnis nach dem hl. Augustinus*, Schöningh, Paderborn 1919.

*Der augustinische Gottesbeweis*, Schöningh, Paderborn 1920 (tr. polacca 1957).

*Augustinismus und Aristotelismus im Mittelalter*, in «Franziskanische Studien» (1920), pp. 1-13.

*Augustinische und tomistische Erkenntnislehre*, Schöningh, Paderborn 1921.

*Bonaventuras Verhältnis zum Ontologismus*, in «Philosophisches Jahrbuch der Görres-Gesellschaft» XXXIV (1921), pp. 368-378.

*Augustins Metaphysik der Erkenntnis*, Dümmler, Berlin-Bonn 1931 (II ed. rielaborata, Brill, Leiden 1960).

*Augustinus. Von seligen Leben*, Meiner, Leipzig 1923 (traduzione e commento).

*Augustinus und seine Bedeutung für die Gegenwart*, Strecker und Schröder, Stuttgart 1924.

*Die Weltanschauung des Thomas von Aquin*, Strecker und Schröder, Stuttgart 1926.

*Patristische und scolastische Philosophie*, Hirt, Breslau 1932.

*Die Philosophie des hl. Augustinus*, Glock und Lutz, Nürnberg 1947 (1958$^2$).

*Thomas von Aquin und wir*, Reinhardt, München 1955.

### Sulla filosofia moderna

*Freies Christentum. Eine apologetische Studie zur Religionsphilosophie von Ernst Troeltsch*, in «Theologie und Glaube» VIII (1916), pp. 237-250.

*Antiker und moderner Idealismus,* in «Philosophisches Jahrbuch der Görres-Gesellschaft» XXX (1917), pp. 192-199.

*Mercier als Philosoph,* in *Der Kampf um Belgien*, Heft 16, hrsg. vom Sekretariat Sozialer Studentenarbeit, M. Gladbach, 1918.

*Moderne Religionsphilosophie*, in «Katholik» (1918), pp. 217-223.

*Malebranches Verhältnis zu Augustin*, in «Philosophisches Jahrbuch der Görres-Gesellschaft» XXXIII (1920), pp. 53-62.

*Graf von Hertling als Augustinusforscher*, Cäcilienverlag, Düsseldorf 1919.

*Die Religionsphilosophie des Neukantianismus*, Herder, Freiburg 1919 (1924$^2$).

*Hegels Trinitätslehre*, Herder, Freiburg 1921.

*Die philosophischen Strömungen der Gegenwart*, Kösel, Kempten 1922 (Bader, Rottenburg 1940$^2$).

*Die Kategorienlehre Eduard von Hartmanns und ihre Bedeutung für die Gegenwart*, Meiner, Leipzig 1924.

*Das Substanzproblem in der Philosophie der Neuzeit*, Dümmler, Berlin-Bonn 1932.

*Die Geistesströmungen der Gegenwart*, Herder, Freiburg 1937.

*Der deutsche Genius und sein Ringen um Gott*, Reinhardt, München 1937.

*Das Ringen um eine deutsche Philosophie in der katholischen Sphäre*, in «Deutsches Volkstum» 20 (1938), pp. 746-753.

*Der geistige Wiederaufbau Deutschlands*, Schröder, Stuttgart 1946.

*Max Scheler. Eine kritische Einführung in seine Philosophie*, Chamier, Essen 1948 (tr. spagnola 1952).

*Die Philosophie des 20. Jahrhundert*, Bader, Rottenburg 1951.

*Universitätsreform*, Progress, Düsseldorf 1953.

*Geistige Kämpfe der Zeit im Spiegel eines Lebens*, Glock und Lutz, Nürnberg 1959.

*Im Ringen um eine zeitnahe Philosophie* (Gesammelte Aufsätze und Abhandlungen), Glock und Lutz, Nürnberg 1959.


SCRITTI DI FILOSOFIA SISTEMATICA

*Erkenntnistheorie*, Dümmler, Berlin-Bonn 1926 (tr. spagnola 1932 e giapponese 1952).

*Die Methode der Metaphysik*, Dümmler, Berlin-Bonn 1926, (1954$^2$).

*Das Kausalprinzip*, Filser, Augsburg 1928 (Reinhardt, München 1958$^2$; tr. inglese 1958).

*Wertphilosophie*, Schöningh, Paderborn 1937 (tr. portoghese 1944).

*Die Werte des Heiligen. Eine neue Religionsphilosophie*, Pustet, Regensburg 1938 (1951$^2$).

*Der Sinn des Lebens*, Bader, Rottenburg 1934 (St. Augustin, Steyler 1955[5]; tr. olandese 1937 e giapponese 1948).

*Die Ewigkeitswerte der deutschen Philosophie*, Hoffmann und Campe, Hamburg 1942.

*Das Problem der Theologia naturalis*, in «Zeitschrift für systematische Theologie» XX (1943), pp. 163-222.

*Von der Aufgabe und dem Wesen des Philosophen*, Winter, Heidelberg 1947.

*Lehrbuch der Philosophie*, 3 Bd., Reinhardt, München 1947-1950 (tr. spagnola 1957-1960).

*Religionsphilosophie*, 2 Bd., Reinhardt, München 1955.

*Existenzphilosophie*, Chamier, Essen 1948 (tr. spagnola 1948; 3[a] ed. con il titolo *Menschliche Existenz*, Nicolaus-von-Cues-Institut, Köln 1969).

*Wesen und Wert der Philosophie*, Glock und Lutz, Nürnberg 1948.

*Ethik*, Brill, Leiden 1954 (1958[2]).

*Wissen und Glauben*, Reinhardt, München 1959.

*Der Absolutheitsanspruch des Christentum. Eine religionsphilosophische Untersuchung*, Reinhardt, München 1963.


SCRITTI RELIGIOSI

*Gotteskindschaft*, Frankes, Breslau 1924.

*Christus, der Meister des Lebens*, Frankes, Breslau 1931.

*Von der vollkommenen Freude*, Frankes, Breslau 1934 (Bader, Rottenburg 1951[2]).

*Von Gott kommt uns ein Freudenlicht*, Frankes, Breslau 1935.

*Licht, Liebe, Leben*, Matthias Grünewald, Wiesbaden 1935.

*Das Herrngebet*, Ars sacra, München 1940.

*Gott in Zeitgeschehen*, Götz Schwippert, Bonn 1946.

*Luther in katholischer Sicht*, L. Röhrscheid, Bonn 1947 (1949[2]; tr. portoghese 1951).

*Die Frohbotschaft für die Menschen von heute*, Chamier, Essen 1947 (2ᵃ ed. con il titolo *Das Kirchenjahr im Lichte der Forhbotschaft*, Klotz, Stuttgart 1952).

*Unser Vater*, St. Augustin, Steyler 1962² (tr. polacca 1950).

*Briefe an Suchende, Irrende, Leidende*, St. Augustin, Steyler 1936 (1965³).

# Nota biografica

**1889**
Johannes Hessen nasce il 14 settembre a Lobberich-Dick, in Renania, vicino al confine con i Paesi Bassi. È il primogenito di una numerosa famiglia di agricoltori composta da altri sei fratelli.

**1895**
Frequenta la *Volkschule* a Dyck, per poi svolgere gli studi superiori nella *Rektoratschule* di Lobberich (in cui studiò anche Werner Jaeger) e quindi gli studi universitari di filosofia e teologia a Münster.

**1914**
Viene consacrato sacerdote e inizia un periodo di attività pastorale prima a Duisburg e poi a Lette bei Coesfeld.

**1921**
Si abilita a Colonia con Max Scheler, conosciuto nel 1918, con uno scritto sulla *Dottrina delle categorie di Eduard von Hartmann*. Inizia una lunga carriera di docente di filosofia nell'università di Colonia che fu assai produttiva sul piano scientifico e su quello didattico, ma che non ottenne mai un pieno riconoscimento dal punto di vista accademico. Hessen, infatti, non diventò mai professore ordinario.

**1928**
Proibizione da parte dei vescovi di Colonia e Münster della lettura di due suoi libri, *La visione del mondo di Tommaso d'Aquino* (1926) e *Teoria della conoscenza*, dello stesso anno, a cui fa seguito una temporanea sospensione dall'attività pastorale e il tentativo, non riuscito, di allontanarlo dall'inse-

gnamento universitario. Il sospetto è quello, adombrato fin dai primi scritti, di «modernismo».

## 1933
Richiesta da parte del rettore dell'università di Colonia di chiarimenti in ordine alla sua adesione a circoli pacifisti sorti in ambito cattolico. In una lettera dello stesso anno indirizzata a questi, Hessen sosteneva di vedere nel movimento nazionalsocialista un mezzo per superare definitivamente la politica a suo giudizio negativa del *Zentrum* e rivendicava il carattere nazionalistico della propria filosofia che emergeva proprio dalla sua contrapposizione a quella «romano-scolastica».

## 1937
Pubblicazione dell'opera *Le correnti spirituali del presente* (1937), in cui critica il «crasso naturalismo» e il «determinismo biologico» che connotavano l'ideologia nazionalsocialista della razza.

## 1940
Gli viene ritirata dal governo nazionalsocialista la *venia legendi*, e dunque la possibilità d'insegnare, e viene privato dello stipendio. Dopo aver mandato alcuni suoi libri al macero, gli viene proibita anche la libertà di parola, sotto la minaccia della deportazione in un campo di concentramento. Hessen si ritira a Ägidienberg dove scrive il suo *Manuale di filosofia* (1947-1950) e prepara la sua *Filosofia della religione*, pubblicata in prima edizione nel 1948 e in versione ampliata nel 1955.

## 1945
Dopo la caduta del nazismo si fa attendere la reintegrazione in ruolo da parte dell'università di Colonia, con il pretesto dell'attesa di un nuovo regolamento generale. In realtà, i perduranti sospetti ecclesiastici sembrano essere il reale motivo della mancata chiamata.

## 1952

Una petizione di cinque personalità del mondo accademico, fra le quali Romano Guardini e Friedrich Heiler, chiede la reintegrazione di Hessen nel suo ruolo accademico sottolineando l'ingiustizia di cui questi era vittima. La situazione si sblocca soltanto a seguito della pubblicazione da parte di Hessen, nel 1953, di un libretto sulla riforma universitaria, che porta in appendice, a firma dell'amico Johann Baptist Scherer, uno scritto dal titolo *Neonazismo nell'università tedesca? Documentazione sul trattamento delle vittime del nazismo da parte dell'università di Colonia*. Lo scalpore suscitato dallo scritto, le reazioni pubbliche seguite a esso, tra le quali quella di Karl Jaspers, che si unisce alla petizione di Guardini e degli altri, porta finalmente nel 1954 alla reintegrazione di Hessen nel suo ruolo di docente a Colonia.

## 1958

Prende più volte pubblicamente posizione contro il riarmo atomico da parte della Germania Federale e a favore di una politica della distensione.

## 1969

Dopo aver tenuto il suo ultimo corso nell'università di Colonia, nel suo ottantesimo compleanno viene festeggiato dal *Nikolaus-von-Cues-Institut* con una cerimonia alla quale prende parte anche il cardinale Josef Richard Frings. Nello stesso anno riceve da papa Paolo VI la nomina a prelato domestico pontificio. Di questa nomina Hessen dà conto con un certo *humour* in una lettera a un amico: «Nella Chiesa di Dio accadono anche oggi segni e miracoli. Lo prova il fatto che papa Paolo VI abbia nominato come prelato domestico pontificio un "eretico" in occasione del suo ottantesimo compleanno».

## 1971

Muore il 28 agosto del 1971 a Ägidienberg, dove viene sepolto.

# INDICE DEI NOMI

# Libri pubblicati nella collana
# Piccola biblioteca del Margine

Paul Ludwig Landsberg, *L'esperienza della morte.*

## Prossime uscite

Max Picard, *Mondo distrutto e indistruttibile.*

Jean Jaurès, *Dobbiamo salvare gli armeni.*

Nelle migliori librerie o direttamente a
**Casa editrice Il Margine, via Taramelli 8 – 38122 Trento**
telefono 0461-1865035    fax 178-2263389
editrice@il-margine.it
informazioni e acquisto online:
**www.il-margine.it**

Stampato per conto
della Casa editrice Il Margine S.r.l.
presso la Tipografia Alcione, Trento
nel mese di novembre 2011